초판 2쇄 발행 2025년 5월 20일

글쓴이	조남철
그린이	김석
편집	허현정
디자인	이재호
펴낸이	이경민
펴낸곳	㈜동아엠앤비
출판등록	2014년 3월 28일(제25100-2014-000025호)
주소	(03972) 서울특별시 마포구 월드컵북로22길 21, 2층
홈페이지	www.moongchibooks.com
전화	(편집) 02-392-6901 (마케팅) 02-392-6900
팩스	02-392-6902
SNS	
전자우편	damnb0401@naver.com
ISBN	979-11-6363-866-7 (73300)

※ 책 가격은 뒤표지에 있습니다.
※ 잘못된 책은 구입한 곳에서 바꿔 드립니다.
※ 이 책에 실린 사진은 셔터스톡, 위키피디아에서 제공받았습니다. 그 밖의 제공처는 별도 표기했습니다.

도서출판 뭉치는 ㈜동아엠앤비의 어린이 출판 브랜드로, 아이들의 지식을 단단하게 만들어 주고, 아이들의 창의력과 사고력을 키워 주어 우리 자녀들이 융합형 창의 사고뭉치로 성장할 수 있도록 좋은 책을 만들겠습니다.

초등융합
사회과학
토론왕
89

생성형 AI가 만드는
가짜 뉴스

글쓴이 **조남철** 그린이 **김석**

팩트 체크로
뉴스를 제대로
가려낼 수 있을까?

뭉치
MoongChi Books

펴내는 글

생성형 AI는 어떻게 가짜 뉴스를 만들까?
가짜 뉴스와 진짜 뉴스는 어떻게 구별할까?

   선생님의 질문에 교실은 일순간 조용해지기 시작합니다. 인내심이 한계에 다다른 선생님께서 콕 집어 누군가의 이름을 부르는 순간 내가 걸리지 않았다는 안도감에 금세 평온을 되찾지요. 많은 사람 앞에서 어떻게 말을 해야 할까 고민 한번 해 보지 않은 사람은 없을 겁니다.

   사람들 앞에서 자신의 생각을 조리 있게 전달하는 기술은 국어 수업 시간에만 필요한 것이 아닙니다. 학교 교실뿐만 아니라 상급 학교 면접 자리 또는 성인이 된 후 회의에서도 자신의 의견을 분명히 표현할 수 있어야 합니다. 하지만 어디서부터 시작해야 할지 몰라 입을 떼는 일이 쉽지 않습니다. 혀끝에서 맴돌다 삼켜 버리는 일도 종종 있습니다. 얼떨결에 한마디 말을 하게 되더라도 뭔가 부족한 설명에 왠지 아쉬움이 들 때도 많습니다.

   논리적 사고 과정과 순발력까지 필요로 하는 토론장에서 자신만의 목소리를 내려면 풍부한 배경지식은 기본입니다. 게다가 고학년으로 올라가서 배우는 수업과 진학 시험에서의 논술은 교과서 속의 내용만을 요구하지 않습니다. 또한 상대의 의견을 받아들이거나 비판하기 위해서도 의견의 타당성과 높은 수준의 가치 판단을 해야 하는 경우가 많은데, 자신의 입장을 분명히 하기 위해선 풍부한 자료와 논거가 필요합니다.

   토론왕 시리즈는 사회에서 일어나는 다양한 사건과 시사 상식 그리고 해마다 반복

되는 화젯거리 등을 초등학교 수준에서 학습하고 자신의 말로 표현할 수 있도록 기획되었습니다. 체계적이고 널리 인정받은 여러 콘텐츠를 수집해 정리하였고, 전문 작가들이 학생들의 발달 상황에 맞게 스토리를 구성하였습니다. 개별적으로 만들어진 교과서에서는 접할 수 없는 구성으로 주제와 내용을 엮어 어린 독자들이 과학적 사고뿐만 아니라 문제 해결력, 비판적 사고력을 두루 경험할 수 있도록 하였습니다. 폭넓은 정보를 서로 연결 지어 설명함으로써 교과별로 조각나 있는 지식을 엮어 배경지식을 보다 탄탄하게 만들어 줍니다. 뿐만 아니라 국어를 기본으로 과학에서부터 역사, 지리, 사회, 예술에 이르기까지 상식과 사회에 대한 감각을 익히고 세상을 올바르게 바라보는 눈도 갖게 할 것입니다.

『생성형 AI가 만드는 가짜 뉴스』는 거미 마을에 퍼진 가짜 뉴스 이야기입니다. 가짜 뉴스는 어떤 의도를 가지고 만들어져 진짜 뉴스처럼 알려지는 것을 말합니다. 촘촘니 사장은 수프 가게의 매출을 높이기 위해 생성형 AI를 이용해 가짜 뉴스를 만들어 퍼뜨립니다. 한편 털보리 국장과 휘강이는 빠르게 퍼지는 가짜 뉴스를 파헤치려고 합니다. 이 책은 털보리 국장과 휘강이가 가짜 뉴스를 막으려는 과정을 통해 미디어란 무엇인지, 가짜 뉴스는 어떻게 생겨나는지, 진짜 뉴스와 가짜 뉴스를 어떻게 구별할 수 있는지를 알아봅니다. 그 과정에서 어린이가 미디어를 올바르게 수용하고 비판적으로 사고하는 능력을 기를 수 있도록 하였습니다.

편집부

차례

펴내는 글 · 4
너 그 소문 들었어? · 8

1장 깡충거미 마을의 마지막 신문사 · 11

기자가 없는 신문사

언론의 역할이 중요해!

토론왕 되기! 무엇이 뉴스가 될까?

2장 그 많던 어린 거미는 어디로 사라졌을까? · 33

뉴스에도 가짜가 있다고?

언론의 위기

토론왕 되기! 사람들은 왜 가짜 뉴스에 현혹되는 걸까?

뭉치 토론 만화
좀좀니 사장은 왜 생성형 AI로 가짜 뉴스를 만들었을까? · 57

3장 뚝딱뚝딱 돌아가는 가짜 뉴스 공장 · 63

가짜 뉴스의 탄생

뇌물 받은 언론사

토론왕 되기! 기사형 광고, 기사일까? 광고일까?

 **4장 엉켜 버린 거미줄을 푸는 방법 · 85**

가짜 뉴스와의 전쟁

진실을 찾아서

`토론왕 되기!` 가짜 뉴스는 왜 나쁠까?

 **5장 다시 문을 연 팔코미 할머니 수프 가게 · 105**

침묵하면 세상은 바뀌지 않는다

진실을 밝힐 용기

`토론왕 되기!` 가짜 뉴스를 없애기 위해서 모든 뉴스를 단속하는 것은 옳은 일일까?

어려운 용어를 파헤치자! · 133

알아 두면 좋은 미디어 리터러시 교육 관련 사이트 · 134

신나는 토론을 위한 맞춤 가이드 · 135

기자가 없는 신문사

"털보리 씨, 오늘 면접은 여기까지입니다. 마지막으로 하고 싶은 말 있으신가요?"

"네. 만약 저에게 '8다리일보'에서 일할 기회가 주어진다면 이 튼튼한 다리로 현장에 제일 먼저 가는 기자가 되겠습니다."

그날은 '8다리일보' 신입 사원 면접이 있던 날이었다. 앳된 얼굴의 털보리는 자신감 넘치는 표정과 말투로 입사 계획을 밝혔다. 털보리는 면접장에서 나오자마자, 긴장이 풀려 당장이라도 주저앉고 싶었다. 그러나 털보리는 곧 면접장으로 들어갈 준비를 하는 다음 거미를 보며 말했다.

"떨지 말고 힘내세요! 우리 몇 달 뒤에 입사 동기로 만납시다!"

"고, 고맙습니다."

실랑이는 쭈뼛거리며 작은 목소리로 대답했다.
털보리는 면접장으로 향하는 실랑이 등 뒤에서 '파이팅!'을 외쳤다.

딩동! 딩동!
"한 개! 한 개의 제보 메시지가 도착했습니다."
"어이쿠! 깜짝이야!"

의자에 기대어 쿨쿨 낮잠을 자던 털보리 국장은 깜짝 놀라 잠에서 깼다. 사무실 안에 있는 AI 스피커 실비아의 목소리였다.

"분명 또 어린 거미들의 장난일 테지."

털보리 국장은 길게 하품하며 기지개를 켰다.

"간만에 그 시절 꿈을 꿨구먼. 실랑이도 나도 패기 넘치던 시절이었지. 껄껄."

쳇! 제보는 무슨…
분명 또 어린 거미들의
장난일 테지.

털보리 국장은 방금 꾼 꿈을 떠올렸다. 꿈속에서나마 젊은 시절의 실랑이를 보니 반갑기도 했지만, 이내 씁쓸해졌다.

"한때는 이곳도 젊은 거미 기자들로 가득 찼었는데……."

이제 8다리일보에 남은 기자는 털보리 국장뿐이었다. 그 많던 기자들이 하나둘씩 8다리일보를 떠난 뒤 홀로 남은 털보리 국장은 혼잣말하는 게 습관이 되었다. 소리를 내어 혼잣말하지 않으면 사무실 안이 너무 조용했기 때문이었다.

"그나저나 실랑이가 꿈에 나오다니. 녀석은 아직 날 기억할까? 나야 뭐 텔레비전만 틀면 실랑이 앵커를 볼 수 있으니 잊을 수가 없지. 쩝."

실랑이는 옆 마을의 '타란툴뉴스'에서 국장 겸 앵커로 8시 뉴스 진행을 맡고 있었다. 함께 8다리일보 신입 사원 면접을 보았던 게 엊그제 같은데, 이제는 시간이 흘러 각각 한 신문사와 방송사의 국장이 되었다.

의자에 앉아 있던 털보리 국장은 발을 굴러 사무실을 한 바퀴 휭 돌았다. 실랑이와 8다리일보에서 함께 일하던 시절, 기사가 잘 안 써지는 날이면 둘은 바퀴 달린 의자를 타고 놀았다. 털보리 국장은 문득 그 시절이 그리워졌다. 실랑이와 앞다투어 특종 기사를 쓰려고 취재하던 그때 말이다.

"그때는 내가 실랑이보다 1면을 더 많이 썼지. 후후."

털보리 국장은 어깨를 으쓱했다. 하지만 얼마 안 가 기운이 빠져 버렸다. 특종 기사를 써 본 지가 언제인지 까마득했기 때문이다. 모두가 종이 신문을 보던 과거에는 1면(종이 신문의 가장 첫 장 윗부분, 전날 발생한 사건 중 가장 중요한 뉴스)을 쓰는 기자가 능력을 인정받았다. 밤새 인쇄된 종이 신문은 다음 날 이른 새벽 전국으로 뿌려졌고, 거미들은 신문 1면 기사를 중요한 소식으로 주고받으며 하루를 시작하곤 했다.

"이제는 다 지나간 이야기입니다."

"앗, 깜짝이야! 실비아! 너 내가, 내 혼잣말 엿듣지 말랬지?"

털보리 국장은 갑자기 들려온 목소리에 다시 한번 깜짝 놀랐다. AI 스피커 실비아는 털보리 국장의 유일한 말동무였다. 오늘 점심은 뭘 먹으면 좋을지, 현재 깡충거미 마을의 교통 상황은 어떤지, 옆 동네 타란툴라 마을과의 축구 경기가 언제인지 등 AI 스피커 실비아는 털보리 국장이 묻기만 하면 척척 대답했다.

"거미들은 더 이상 종이 신문을 보지 않습니다. 1면은 더 이상 세상에 필요 없습니다."

"실비아, 너 그런 식으로 자꾸 아픈 데 찌르지 마라! 지금은 실랑이가 좀 잘나가는지 몰라도, 예전에는 내가 더 잘나갔어! 이거 왜 이래?"

"네, 실랑이 앵커에 대해 설명해 드리겠습니다."

"아니! 필요 없어!"

털보리 국장은 다급하게 막아 보았지만, 꼭 이럴 땐 말을 잘 듣지 않

는 AI 스피커 실비아였다.

"시사 잡지 오늘의 뉴스에서 선정한 '거미들에게 가장 신뢰받는 언론 거미 1위'에 여러 차례 이름을 올린 바 있는 실랑이 앵커는, 깡충거미 마을 8다리일보에서 처음 기자 생활을 시작했습니다. 하천에 몰래 오염수를 버리던 대기업의 만행을 고발하는 기사로 세상에 처음 이름을 알린 실랑이 기자는, 이후로도 다양한 사회 고발 뉴스를 전하며 유명세를 얻었습니다. 그리고 5년 전, 실랑이 기자는 타란툴라 마을의 타란툴 뉴스로부터 스카우트 제의를 받고 이직했습니다. 당시 부패한 정치인과 기업으로부터 뒷돈을 받는다는 소문이 자자했던 타란툴뉴스는, 실랑이 기자를 방송사 국장으로 앉히며 언론사 이미지 쇄신을 시도했습니다. 그리고 실랑이 기자의 이적을 두고 많은 소문이 떠돌았습니다. 항간에는 실랑이 기자가 아버지 병원비를 감당하기 위해 타란툴뉴스에서 제시한 거액의 연봉을 거절하지 못했다는 소문이 돌기도 했지만, 사실은 알 수 없습니다. 현재는……."

"나도 다 알아! 내가 실랑이랑 제일 친한 친구였다고! 그만해, 그만!"

털보리 국장은 저도 모르게 책상을 탕탕 치며 AI 스피커 실비아에게 소리쳤다. 그 소리에 AI 스피커 실비아는 하던 말을 멈추었다.

언론의 역할이 중요해!

'그때 나도 실랑이랑 함께 타란툴뉴스로 갔다면 어땠을까?'

털보리 국장은 실랑이가 8다리일보를 떠나던 날을 잊을 수 없었다. 그날 둘은 크게 싸웠기 때문이다.

"그러고도 네가 진정한 언론 거미라고 할 수 있어?"

털보리 국장은 실랑이에게 화를 냈다. 하지만 실랑이는 아무 말이 없었다.

"무슨 말이라도 좀 해 봐! 대체 네가 왜 그 엉망진창인 타란툴뉴스에 가려는 건데! 세상에 돈이 전부가 아니잖아!"

"털보리 너마저 나를 그렇고 그런 거미로 보는구나."

실랑이는 가장 친한 친구인 털보리마저 자신을 돈 때문에 기자이길

포기한 나쁜 거미로 여긴다는 생각에 몹시 화가 났다.

실랑이에 대한 소문은 사실이었다. 오래 병상에 누워 있던 아버지가 돌아가시자, 실랑이에게 남은 건 엄청난 액수의 병원비뿐이었다. 어머니 역시 일찍 여의었던 실랑이는 혼자 힘으로 빚을 갚고 어린 동생을 보살펴야 했다. 눈앞이 캄캄했던 실랑이는 친구 털보리에게 돈을 빌려 볼까, 생각도 했다. 그러나 한두 푼 빌려서 해결될 일이 아니었다. 그때, 타란툴뉴스에서 실랑이에게 접근했다.

그 시절 많은 국민 거미는 8다리일보를 가장 언론다운 언론이라고 칭찬했다. 정치계와 경제계로부터 자신들을 공격하는 기사를 쓰면 광고를 싣지 않겠다는 협박을 받으면서도 국민 거미들이 반드시 알아야만 하는 뉴스를 가장 정확하고 빨리 알리는 데 앞장섰기 때문이었다. 반면, 타란툴뉴스는 정치인과 기업인에게 검은돈을 받으면서 그들을 칭찬하는 뉴스만을 전했다. 나쁜 짓 하는 정치인과 기업마저 싸고도는 타란툴뉴스에 혀를 내두른 국민 거미들은 타란툴뉴스가 사라져야 한다며 거세게 비난했다. 타란툴뉴스는 각종 후원금과 광고비로 돈은 많이 벌었지만 그 어떤 국민 거미에게도 신뢰받지 못했다. 위기에 처한 타란툴뉴스는 직접 뉴스 전문 방송사를 차리고 물밑으로 유명한 기자 거미들에게 스카우트 제의를 하기 시작했다. 부패한 언론이라는 오명을 벗고 싶었기 때문이었다. 타란툴뉴스는 당연히 8다리일보에서 가장 능력 있는 기자로 꼽히는 실랑이와 털보리 기자를 제일 먼저 데려오고 싶었다. 그러다 실랑이에게 병원 빚이 있다는 사실을 알게 됐다. 타란툴뉴스 관계자는 실랑이에게 병원비를 모두 갚아 주는 대신 방송국을 책임지고 맡아 달라고 했다.

"나만 변하지 않으면 되는 거잖아! 내가 타란툴뉴스에 가서 깨끗한 뉴스, 정직한 뉴스만 전하면 문제 될 거 없잖아!"

실랑이도 지지 않고 털보리에게 소리쳤다. 실랑이는 자신 있었다. 타란툴뉴스에 가서도 늘 하던 대로 현장을 취재해서 국민 거미들이 알아야 할 정보를 보도할 수 있을 거라고 믿었다.

"깨끗하고 정직한 뉴스? 내일 날씨만을 정확히 전달한다고 언론일까? 방금 벌어진 강도 사건을 가장 빨리 전했다고 해서 언론이 할 일을 다한 걸까? 언론은 정부, 기업, 단체들이 하는 활동을 감시해야 할 의무가 있어. 그들이 하는 행동을 평가하고 비판하면서 우리 거미 사회가 건전하게 유지될 수 있도록 언론이 도와야만 한다는 걸 누구보다 네가 잘 알잖아!"

"나도 알아! 여기 8다리일보에서 하던 대로 타란툴뉴스에서 하면 돼! 거기 가서도 정직한 기사 쓸 수 있어!"

"실랑이, 너만 정직한 뉴스를 전한다고 뭐가 달라질 거 같아? 나쁜 짓을 저지르는 정치인, 기업인과 친하게 지내며 뒷돈 받고 가짜 뉴스

써 주는 언론사에 가서 뭘 할 수 있겠느냐고! 실랑이 기자! 정신 차려!"

"정치인, 기업인이랑 친한 게 뭐 어때서! 세상엔 다양한 목소리를 가진 언론이 필요해! 내가 타란툴뉴스에 가서 가짜 뉴스 쓸 일은 절대로 없어! 하지만 나도 이제 누군가의 행동을 비판하고 잘못을 밝혀내는 기사들만 쓰기엔 너무 지쳤다고! 세상엔 좋은 일 하는 정치인과 기업인도 많아. 그들의 선행을 전하는 기사도 충분히 가치 있다고 생각해. 내가 반드시 타란툴뉴스를 좋은 언론으로 만들 거야. 두고 봐!"

실랑이는 끝까지 큰소리를 치며 8다리일보를 떠났다.

"아직 읽지 않은 제보 메시지가 있습니다. 확인하시겠습니까?"

자기도 모르게 실랑이가 떠나던 날을 회상하던 털보리는 AI 스피커 실비아의 목소리에 정신을 차렸다.

"거참. 애들이 또 장난친 거라니까."

"메시지를 지울까요?"

"그래. 지우…… 아, 아니! 어디 한번 들어나 보자. 이번엔 또 무슨 엉뚱한 가짜 제보를 했는지 말이야. 실비아, 제보 메시지 좀 읽어 줘."

털보리 국장은 의자에 깊게 몸을 파묻으며 심드렁하게 말했다.

"네, 제보 메시지를 읽어 드릴게요. 거기 깡충거미 마을에 마지막 남은 신문사 8다리일보 맞죠? 제보 하나를 하려고 하는데요!"

"하나같이 연기 톤이 왜 저렇담. 거짓 제보하는 애들은 꼭 급한 척을 해요. 쯧쯧."

털보리 국장은 팔짱을 끼며 툴툴거렸다.

털보리 국장은 더 들을 필요도 없다고 생각했다. 털보리 국장이 메시지를 삭제하려는데, 제보자 목소리에서 익숙한 이름이 튀어나왔다.

"깡충거미 마을 산꼭대기에 홀로 사는 팔코미 할머니가 죽지 않고 영원히 살기 위해 마법 수프를 만든다는 소문이 돌고 있어요. 문제는 팔코미 할머니가 어린 거미들을 잡아넣고 수프를 끓인다는 무서운 이야기가 함께 따라다닌다는 거예요. 팔코미 할머니는 절대 그런 분이 아니에요! 제가 정말 잘 알아요. 처음엔 소문으로만 퍼지던 이야기가 유튜브 영상으로 만들어지더니, 이제는 팔코미 할머니에게 의혹을 제기하는 뉴스까지 방송됐어요. 조만간 타란툴뉴스의 실랑이 앵커가 팩트 체크를 한다는데 제발 막아 주세요. 타란툴뉴스는 이 괴상한 소문에 불을 지피고 말 거예요! 제발 8다리일보에서 팔코미 할머니에 대한 오해를 풀어 주세요. 그리고 대체 이 가짜 뉴스를 누가 퍼뜨리기 시작했는지 꼭 밝혀 주세요! 부탁드려요!"

"실랑이 앵커가? 팩트 체크를?"

제보 메시지를 끝까지 들은 털보리 국장의 얼굴이 굳어졌다.

뉴스의 관점

우리는 날마다 새로운 뉴스를 접합니다. 이때 뉴스에는 뉴스를 만드는 사람의 관점이 반영되기 마련입니다. 관점이란 '사물이나 현상을 관찰할 때 어떤 측면에서, 어떤 생각과 마음으로 보느냐'를 말합니다.

그런데 뉴스는 모든 사람의 관점을 다 포함할 수 없습니다. 그래서 뉴스를 볼 때는 한쪽으로 치우치지 않았는지, 과장하여 쓰지는 않았는지, 소수의 의견을 배제하지는 않았는지 등을 꼼꼼히 살펴봐야 합니다. 만약 한쪽으로 치우친 뉴스를 비판적 사고 없이 그대로 받아들이면 편향적인 시각을 갖게 될 수 있기 때문입니다.

1장 깡충거미 마을의 마지막 신문사

매일 만나는 미디어 세상

★ 미디어란 무엇일까요?

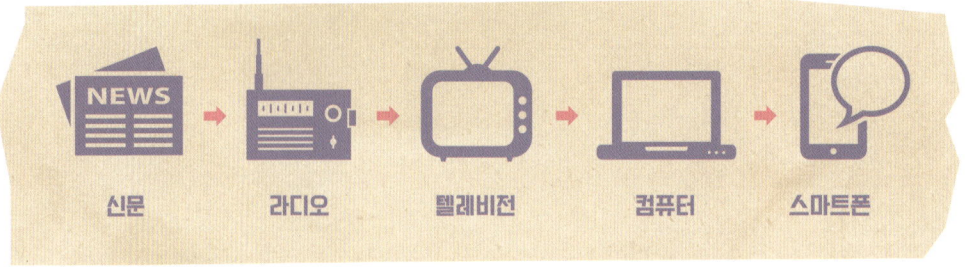

우리는 세상에서 벌어지는 많은 일을 직접 다 볼 수 없습니다. 그러나 미디어를 통하면 세상에서 일어나는 일을 쉽게 알 수 있습니다. 그렇다면 미디어란 무슨 뜻일까요? 사전을 찾아보면 미디어란 '어떤 작용을 한쪽에서 다른 쪽으로 전달하는 역할을 하는 물체 또는 수단'이라고 나와 있습니다. 즉, 미디어는 신문, 라디오, 텔레비전, 잡지를 비롯해 우리가 매일 손에 들고 다니는 스마트폰도 포함됩니다.

★ 사회부 신문 기자의 하루

우리에게 뉴스를 전하는 기자는 텔레비전, 라디오, 신문사, 인터넷 매체의 보도국에서 일합니다. 그중 사회부 신문 기자의 하루를 살펴볼까요?

7시 경찰서로 출근
큰 사건과 사고는 경찰서에 가면 가장 먼저 알 수 있습니다. 담당 경찰서를 돌며 사건과 사고를 확인합니다.

1시 현장 출동
시위 현장을 사진 찍어 데스크에 보고하고, 시위 참여자를 인터뷰합니다.

8시 30분 편집회의 보고
기자실에서 아침 뉴스를 훑어보고 기삿거리를 데스크*(책임자)에 보고합니다.

9시 전화하기
취재원에게 전화하고, 정보를 확인합니다.

11시 취재 준비하기
데스크의 연락을 받고 시위가 일어날 곳으로 이동합니다. 가는 동안 필요한 정보를 검색하고, 인터뷰할 질문을 정리합니다.

3시 기사 쓰기
오늘 취재한 내용을 바탕으로 기사를 작성해 데스크에 보고합니다.

5시 기사 올리기
데스크의 확인이 끝나면 인터넷 시스템을 통해 기사를 올립니다.

*신문사나 방송국의 편집부에서 기사의 취재와 편집을 지휘하는 책임자

토론왕 되기!

무엇이 뉴스가 될까?

실비아, 너는 언론의 역할이 무엇이라고 생각하니?

오늘 대화의 주제는 언론이군요. 흥미롭습니다. 그런데 언론의 역할을 이야기하기 전, 뉴스가 무엇인지부터 정의해야 할 듯합니다.

뉴스? 그거야 쉽지. 뉴스란, 현재의 사건이나 상황에 대한 정보를 전달하는 것이지. 예를 들어, 정치, 경제, 사회, 문화 등 다양한 분야에서 일어나는 사건들이 뉴스가 될 수 있어.

맞습니다. 하지만 사건이라고 해서 모두 뉴스가 되는 걸까요?

물론 그건 아니지. 뉴스는 특정 기준을 충족해야 해. 예를 들어, 중요하고 의미 있는 사건이거나 사회적으로 관심을 끌거나 공익을 위한 정보여야 뉴스가 될 수 있지.

그렇군요. 그렇다면 수많은 뉴스 중에서도 어떤 것은 보도되고, 어떤 것은 보도되지 않기도 하나요? 뉴스의 보도 여부는 누가 결정하나요?

그건 언론이 결정하는 거지. 언론은 뉴스를 선택하고 편집해서 방송하거나 발행하는데, 이때 사건의 중요성, 사회적 관심도, 공익성 등을 고려한단다.

그렇다면 뉴스 보도의 순서에도 의미가 있나요? 언론은 어떤 뉴스를 가장 먼저 전달해야 한다고 판단하나요?

시, 실비아? 너 오늘따라 질문이 아주 많구나. 어쨌든 중요한 질문이야. 보통 중요한 사건이나 긴급한 소식을 먼저 보도하는 게 일반적이야. 예를 들어, 재난 사건이나 대형 사고가 발생하면 그것을 가장 먼저 보도하고, 그다음으로는 중요한 정치적 뉴스나 사회 이슈를 전달하는 식이지.

그렇다면 그 결정은 누가 하는 거요? 8다리일보에는 국장님밖에 없으니 혼자 결정한다지만, 다른 곳에선 그 중요한 결정을 누가 맡아 하나요?

그건 흔히 '데스크'라고 하는 언론사의 책임자가 결정하지. 그들은 보통 사회적 책임을 가지고, 공정하고 균형 있는 뉴스 보도를 위해 노력한단다.

* 여러분은 언론의 역할이 무엇이라고 생각하나요? 언론이 전하고자 하는 뉴스를 정부나 권력자가 통제해도 된다고 생각하나요? 친구들과 함께 이야기를 나누어 보세요.

퀴즈 팡팡

다음 중 언론에 대해 잘못 설명한 것은 무엇인지 찾아보세요.

1. 언론은 정치인이나 기업에 대해 정보를 조작하여 보도하면 안 된다.

2. 우리는 언론이 보도하는 뉴스를 통해 우리 사회에서 어떠한 일이 벌어지고 있는지 알 수 있다.

3. 언론은 어떤 사건에 관해 보도할 때, 과장하거나 왜곡할 수 있다.

4. 언론은 정부나 회사를 감시하는 역할을 해서 부정부패나 나쁜 일이 없도록 조심하게 만든다.

5. 대표적인 언론 매체는 신문, 텔레비전, 라디오, 잡지 등이 있다.

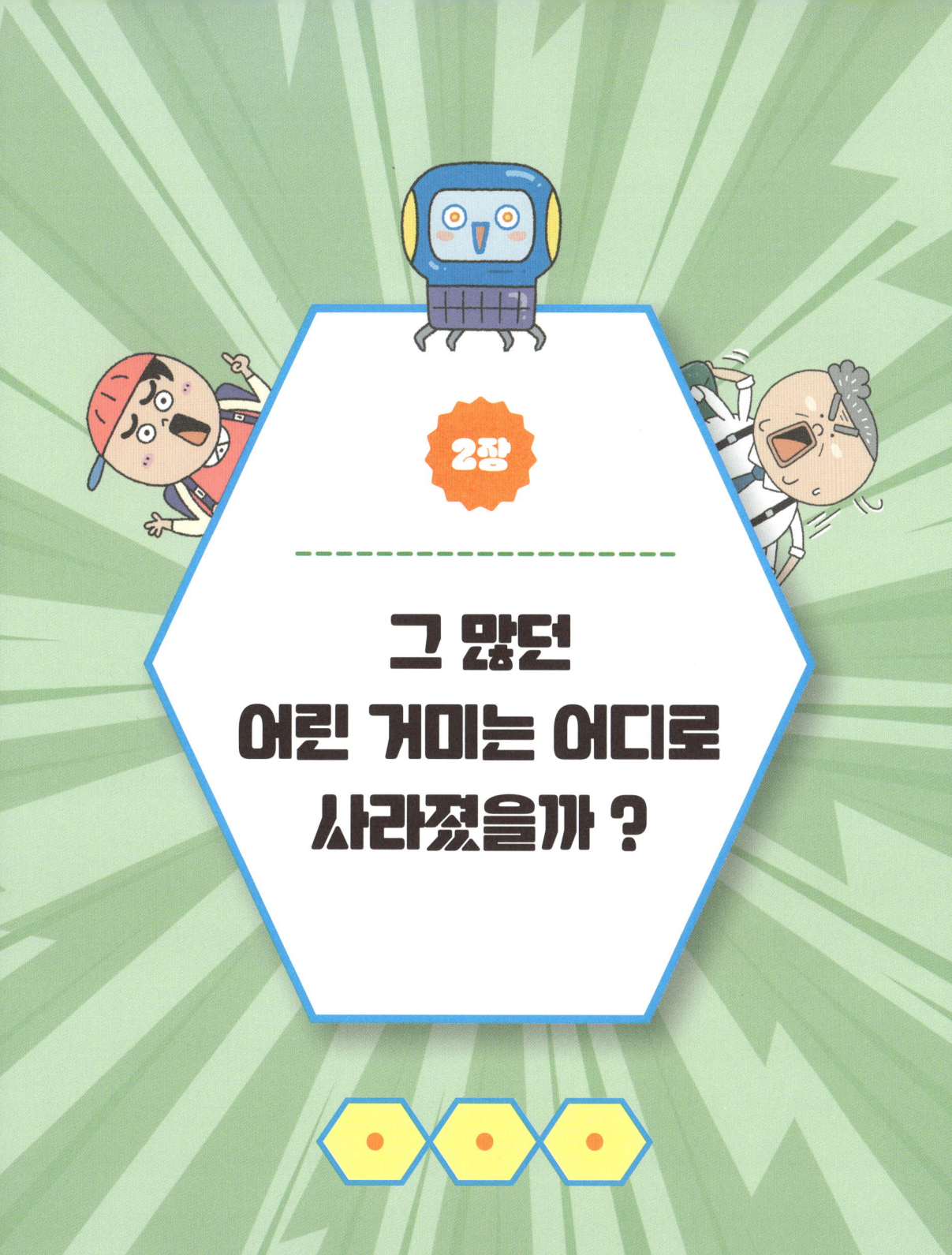

뉴스에도 가짜가 있다고?

 "지금 제가 나와 있는 곳은 괴상한 소문의 근원지인 팔코미 할머니 집 앞입니다! 지금 시각 밤 11시, 보시다시피 팔코미 할머니 집 굴뚝에서는 이 늦은 시간에도 연기가 피어오르고 있습니다. 저는 오늘 아침 8시부터 쭉 팔코미 할머니 집 근처에서 잠복 취재 중입니다. 취재 결과, 지금까지 총 다섯 마리의 어린 거미가 팔코미 할머니 집으로 들어간 뒤 아직까지 나오지 않고 있습니다. 하루 종일 피어오르는 굴뚝 연기! 그리고 할머니 집으로 들어간 뒤 감감무소식인 어린 거미들! 이게 다 무엇을 뜻하는 걸까요? 바로 그렇습니다! 소문대로 팔코미 할머니가 영원히 살기 위해 어린 거미들을 넣고 마법 수프를 끓인다는 증거지요!"

 "아주 그럴듯하게 떠들어 대는군."

유튜브 영상을 확인한 털보리 국장은 화가 난 듯 탁 소리 나게 노트북을 닫았다. 그리고는 고개를 절레절레 흔들었다. 영상 속에 등장하는 거미는 마치 자신이 진짜 언론사의 기자인 것처럼 뉴스를 보도하고 있었다.

그러나 털보리 국장은 이 영상이 가짜 뉴스인 것을 한눈에 알아차렸다. 영상 속 거미는 자신의 신원은 쏙 빼놓은 채 뉴스를 전했다. 어느 언론사에 소속되었는지, 어떤 신분으로 취재하고 있는지 알 수 없었다. 진짜 기자라면 자신의 소속과 신분을 밝혀야만 하고, 보도 내용을 뒷받침할 자료나 증거를 제시했어야 했다. 취재 방식도 엉터리였다. 영상 속 거미는 단순히 주변 상황을 보고 자신의 추측에 기반해 뉴스를 보도했다. 진실을 파헤치기 위해서는 충분한 증거와 명확한 취재 과정이 필요하지만 그런 건 없었다.

하지만 화가 나는 것도 잠시 털보리 국장은 책상에 턱을 괴며 한숨을 푹 쉬었다. 가짜 뉴스가 퍼지고 있다는 건 알지만 이를 바로잡기 위해 취재를 나서고 싶지 않았다. 깡충거미 마을에는 더 이상 8다리일보 기사를 읽는 거미가 없었기 때문이었다.

그때 누군가 사무실 문을 두드렸다.

"이 시간에 누구지? 아니 무엇보다 우리 신문사에 누군가 찾아온다는 게 신기하군."

털보리 국장은 문 쪽으로 다가가며 혼잣말했다.

최근 몇 년 동안 8다리일보를 찾아온 거미는 아무도 없었다. 털보리 국장이 문을 열자 한 학생 거미가 가방을 멘 채 서 있었다.

"무슨 일로 오셨나요? 여기는 8다리일보라는 신문사입니다만?"

"안녕하세요. 저는 휘강이라고 합니다. 제가 어제 이곳에 제보를 하나 했거든요."

낯선 거미의 방문에 어리둥절한 털보리 국장과 달리 휘강이는 당당하게 자신을 소개했다.

"아, 아! 그 제보 메시지! 학생이로군요? 일단 들어와요."

털보리 국장은 머릿속이 복잡해졌다.

'제보자가 직접 신문사에 오다니!'

털보리 국장은 오랜만에 가슴이 두근두근 뛰기 시작했다.

"제보 메시지를 보내 놓고 8다리일보에서 연락이 오길 기다렸어요. 아무리 기다려도 소식이 없길래 8다리일보 SNS랑 홈페이지도 계속해서 들락거렸어요. 근데 날씨나 교통 정보는 올라오는데 팔코미 할머니에 대한 기사는 단 한 줄도 올라오지 않더라고요! 취재가 시작된 건지 궁금해서 찾아왔습니다."

휘강이는 침착하게 8다리일보를 찾아온 이유를 설명했다. 그러고는 털보리 국장이 묻기 전에 자신이 알고 있는 사실을 꺼내 놓기 시작했다.

"제가 제보한 것처럼, 지금 떠도는 소문은 사실이 아니에요. 팔코미 할머니는 영생을 꿈꾸지도 않고, 괴상한 수프를 만들지도 않아요. 그냥 마음씨 따뜻한 거미 할머니예요."

"흐음. 그걸 휘강 학생이 어떻게 알지요?"

털보리 국장은 제보자의 말도 있는 그대로 믿을 수만은 없다는 듯 휘강이에게 물었다.

"저희 부모님은 제가 아주 어릴 때부터 맞벌이를 하셨어요. 그래서 전 집에 혼자 있는 시간이 많았죠. 하루는 이른 아침부터 집에 혼자 있었는데 너무 심심한 나머지 무작정 집 밖으로 향했어요. 그리고 산 여기저기를 돌아다니다가 길을 잃었죠. 그날 팔코미 할머니를 처음 만났어요. 팔코미 할머니는 길을 잃은 저를 할머니 집에 데려가 씻어 주고 맛있는 수프도 만들어 줬어요. 제가 그때 좀 꼬질꼬질했거든요. 배도 어찌나 고팠는지 그때 팔코미 할머니가 준 수프를 앉은자리에서 다섯 그릇이나 먹었다니까요!"

"음…… 팔코미 할머니에 대한 정보가 그게 다인가요?"

"아, 아뇨! 팔코미 할머니는 제 사정을 듣고 매일 와도 좋으니 언제든 와서 수프도 먹고 놀다 가라고 하셨어요. 그렇게 전 매일 팔코미 할머니 집을 드나들었죠."

"뭐 팔코미 할머니와 친하게 지냈다는 건 알겠어요. 하지만 그걸로 팔코미 할머니에게 제기되는 의혹들이 모두 해소되지는 않을 것 같군요. 무엇보다 팔코미 할머니 집 굴뚝에서는 왜 하루 종일 연기가 나는 걸까요?"

 털보리 국장은 여전히 의심스러운 눈초리로 물었다.

 "깡충거미 마을에는 어릴 적 저처럼 누군가의 보살핌이 필요한 어린 거미들이 아주 많아요! 그 어린 거미들을 팔코미 할머니가 돌봐 주는 거고요! 매일 할머니 집으로 찾아오는 어린 거미들을 위해서 물을 끓여 목욕시키고, 맛있는 수프가 떨어지지 않게 요리한다고요! 당연히 굴뚝 연

기가 하루 종일 날 수밖에 없지 않겠어요?"

"그렇다면 팔코미 할머니 집에 들어간 어린 거미들은 왜 다시 그 집을 나오지 않는 거죠? 가짜 뉴스는 그게 다 팔코미 할머니가 어린 거미를 잡아먹기 때문이라고 주장하고 있어요."

"진짜 말도 안 되는 소리예요! 팔코미 할머니 집에 가면 얼마나 따뜻하고 포근하고 좋은데요. 거기다 목욕한 뒤 든든하게 수프까지 먹고 나면 잠이 솔솔 온다고요. 그래서 며칠씩 머물다가 가는 어린 거미가 많아요. 저도 그랬고요!"

"하지만 팔코미 할머니가 자선 사업가도 아니고, 무슨 돈으로 그 많은 어린 거미들을 돌보는 걸까 의문이 드는군요."

털보리 국장은 팔짱을 낀 채 생각했다. 아무리 팔코미 할머니가 부자라고 해도 지금은 아무런 벌이 없이 동네 어린 거미들만 보살피며 산다는 게 의아했기 때문이었다.

"팔코미 할머니가 몇 달 전에 수프 가게를 열었어요. 팔코미 할머니가 만든 수프는 진짜 끝내주거든요. 장사도 정말 잘돼요. 타란툴라 마을에서까지 찾아올 정도라니까요. 요즘은 정말 바빠서 저랑 다른 몇몇 어린 거미들이 팔코미 할머니 일손을 도우러 갈 때도 있어요. 아무튼! 저랑 같이 팔코미 할머니 집에 가 보는 건 어때요? 그리고 저처럼 팔코미 할머니에게 도움받은 다른 거미들도 인터뷰해 보세요. 분명 잘못된 정보가 퍼지고 있다는 걸 알게 될 거예요."

휘강이는 점점 마음이 급해졌다.

"이번 취재는 고민을 좀 더 해봐야겠군요. 휘강 학생의 말만 믿고 취재를 시작할 수는 없어요."

휘강이는 털보리 국장의 말에 조금 화가 났다.

"다, 다른 기자님은 없나요? 8다리일보에는 그 어떤 기자도 이번 사건에 관심이 없나요? 기자라면! 올바른 언론사라면! 지금 떠도는 영상이 가짜 뉴스라는 것쯤은 쉽게 알 수 있잖아요! 대체 왜 취재를 망설이는 거죠?"

따져 묻는 휘강이에게 털보리 국장은 뭘 어디서부터 설명해야 할지 몰라 난감했다.

"애석하게도 8다리일보에 남아 있는 거미는 털보리 기자뿐입니다."

"그분은 지금 어디 계시죠? 제가 털보리 기자님이랑 다시 이야기해 볼게요."

"흠, 그게 저예요. 제가 8다리일보에 유일하게 남아 있는 기자이자 국장이자 사장인 털보리입니다."

"네에?"

2장 그 많던 어린 거미는 어디로 사라졌을까?

언론의 위기

털보리 국장 말에 휘강이는 눈이 휘둥그레졌다. 인터넷과 다양한 매체가 발달하면서 마을에 있던 신문사들이 하나둘씩 문을 닫았다는 것은 알고 있었다. 하지만 8다리일보만큼은 아직 건재한 줄 알았다.

"흠흠, 알다시피 요즘 신문업계는 무척 어려운 상황입니다. 기술이 발달할수록 다양한 디지털 매체들이 뉴스 산업에 영향을 미치고 있지요. 종이 신문 시대는 저물었습니다. 휘강 학생만 해도 뉴스 기사를 스마트폰으로 읽지 않나요?"

"그, 그건 그렇죠."

"게다가 요즘은 게임이나 웹툰, 릴스 등 뉴스보다 더 재미있고 자극적인 디지털 콘텐츠가 넘쳐나지요. 당연히 거미들이 뉴스에 흥미를 잃을 수밖에요. 갈수록 뉴스를 읽는 거미가 줄어들고 있고 당연히 종이 신문 구독을 끊는 거미들이 늘어났답니다."

"그동안 신문사는 종이 신문을 구독하는 거미들이 낸 신문 구독료로 돈을 벌어 왔던 건가요?"

"물론 신문사는 신문에 광고를 싣는 업체들로부터 받는 광고비와 구독자들에게 걷는 신문 구독비로 운영됩니다. 종종 지자체로부터 지원금을 받기도 하고요. 이렇게 벌어들인 돈으로 종이 신문을 찍어 내고, 취재하고 기사 쓰는 기자 거미들에게 월급을 주었죠. 하지만 종이 신문을 구독하는 거미들이 줄자 자연스레 광고를 싣겠다는 업체도 줄어들었어요. 아무도 보지 않는 종이 신문에 광고를 내며 돈을 낭비할 업체가 어디 있나요?"

"그, 그래서 깡충거미 마을에 있던 신문사들이 하나둘씩 문을 닫게 된 건가요?"

"그런 셈이지요. 종이 신문을 찍는 데는 여전히 많은 비용이 들지만 광고비와 구독료가 줄어드니 많은 신문사가 위기에 처할 수밖에요. 우리 8다리일보도 종이 신문 발행을 중단하며 비용은 줄였지만 위기를 피할 수는 없었어요. 그나마 규모가 좀 커서 지금까지 버틴 거랍니다."

털보리 국장은 씁쓸한 목소리로 말했다.

홈페이지만 운영해 왔던 신문사들이 앞다투어 SNS 계정과 유튜브

채널을 개설한 것도 그때부터였다. 돈이 많은 신문사는 직접 방송국을 차리기도 했다. 이제는 더 이상 거미들이 다음 날 아침까지 신문을 기다리지 않고도 실시간으로 중요한 뉴스를 보고 들을 수 있게 된 배경이 여기에 있었다.

"그래도 우리 거미들에게 8다리일보는 여러 마을을 통틀어 가장 영향력 있는 신문사로 통했잖아요! 저는 직접 8다리일보의 종이 신문을 읽어 본 적은 없지만, 그래도 부모님이나 팔코미 할머니를 통해 귀에 딱지가 앉도록 들었는걸요! 부패한 정치 거미를 고발하고, 환경을 파괴하는 대기업의 만행을 낱낱이 밝히기도 했다고요! 8다리일보는 마을 거미들에게 꼭 필요한 뉴스를 가장 먼저 전하는 언론사였다고요!"

휘강이가 안타까운 목소리로 말하자 털보리 국장은 희미하게 웃으며 말했다.

"하지만 이제는 다 지난 일이지요. 요즘은 종이 신문을 읽는 거미가 거의 없고, 진실을 알릴 때마다 8다리일보를 압박하는 세력도 늘어만 갔답니다. 일부 대기업들은 8다리일보에 광고를 싣지 않겠다고 했어요. 자신들이 저지른 나쁜 짓을 매일같이 보도하는 곳에 돈을 주고 싶지 않았던 거죠. 광고비가 언론사의 가장 중요한 수입원인데 그게 끊겨 버린 셈이죠. 결국 기자들의 월급도 줄 수 없을 만큼 힘들어졌어요. 월급이 밀리자 8다리일보를 지키던 기자들도 하나둘씩 떠났고 난 그들을 붙잡

을 수 없었죠. 그리고 지금 이렇게 나 혼자만이 8다리일보의 유일한 기자로 남게 되었답니다. 껄껄껄."

털보리 국장은 8다리일보의 안타까운 역사를 읊으며 머쓱한 듯 껄껄 웃었다. 그리고 이번 사건을 취재할 수 없다는 말을 하기 위해 어렵게 말을 이어갔다.

"예전의 명성을 자랑하던 8다리일보는 지금 없답니다. 아무리 진실을 위해 내가 나선다고 해도 8다리일보의 기사를 읽는 거미가 없으니 무용지물이겠지요. 헛수고가 될 거라는 뜻입니다."

"그, 그렇지만!"

"차라리 휘강 학생이 직접 팔코미 할머니를 대변하는 글을 SNS에 올리는 게 효과적일 수도 있겠군요."

체념한 듯한 털보리 국장의 말에 휘강이는 다시 화가 나기 시작했다. 그래도 한때는 사명감을 가지고 일했을 기자가 이렇게 쉽게 취재를 포기한다는 게 믿기지 않았다.

"여기 좀 보세요! 지난밤에 그 영상이 퍼지기 시작하면서 이 시각에도 관련 기사가 쏟아지고 SNS로 확산하고 있다고요! 가짜 뉴스에 깜빡 속은 많은 거미가 공포에 떨고 있고, 특히 어린 거미를 키우는 집들은 당분간 외출하지 않겠다면서 생필품을 사재기하고 있어요! 국장님은 그 누구보다 그 영상이 가짜 뉴스라는 걸 잘 알면서! 그리고 그 가짜 뉴스가 얼마나 빠르게 퍼질 걸 아시면서! 어떻게 그리 무기력하실 수 있죠? 이러고도 깡충거미 마을에 유일하게 남은 단 하나의 신문사 국장님이라고 할 수 있나요?"

휘강이의 목소리는 점점 거세져만 갔다. 한시라도 빨리 깡충거미 마을 거미들에게 진실을 알리고 싶었다. 팔코미 할머니가 누명을 벗을 수 있게 돕고 싶었다. 그리고 깡충거미 마을에 남은 마지막 신문사인 8다리일보마저 언론의 기능을 상실한 것 같아 무척 속상했다.

"아, 아니? 분명 오늘 오전까지만 해도 별다른 기사가 없었는데 언제 저렇게 많은 기사가 쏟아져 나온 거지? 가짜 뉴스에 관한 확인 절차도 없이 후속 기사를 쓴다는 건 말도 안 되는 일이야!"

휘강이가 내민 스마트폰의 기사를 보며 털보리 국장은 충격에 휩싸였다. 생각보다 가짜 뉴스의 파급력은 상당했고 머지않아 무고한 거미들이 피해를 볼 게 불 보듯 뻔했다.

"그러니까요, 제발요! 국장님, 도와주세요!"

휘강이는 털보리 국장의 손을 꼭 잡고 사정했다.

가짜 뉴스의 확산 속도

우리는 매일 수많은 뉴스와 정보를 접하지요. 이때 방송사와 기자 이름이 있는 뉴스와 정보는 일단 신뢰성이 높습니다. 이와 달리 SNS를 통해 출처가 분명하지 않은 정보는 의심을 해야 합니다. 왜냐하면 예전과 달리 과학 기술이 발달하면서 사진이나 영상을 합성하기 쉬워졌기 때문이지요. 게다가 SNS는 정보를 서로 공유하기가 참 쉽습니다. 그래서 스스로 뉴스의 정보를 꼼꼼히 확인하지 않고 퍼뜨리면 가짜 뉴스를 확산시키는 잘못을 저지르는 결과를 가져올 수 있습니다.

그렇다면 진짜 뉴스와 가짜 뉴스 중 확산 속도가 더 빠른 쪽은 어디일까요? 2018년 미국 메사추세츠 공과대학(MIT) 연구팀은 트위터에서 하나의 소식이 1,500명에게 도달하는 데 걸린 시간을 조사했습니다. 이때 가짜 뉴스는 10시간이, 진짜 뉴스는 60시간이 걸렸습니다. 그러니까 가짜 뉴스가 진짜 뉴스보다 6배 빠르게 공유된 걸 확인했습니다. 우리는 분노, 충격, 행복, 기쁨과 같은 강한 감정을 누군가와 공유할 가능성이 높기 때문입니다.

가짜 뉴스가 위험해!

★ 가짜 뉴스란 무엇인가요?

가짜 뉴스는 사실이 아닌 정보를 포함하고 있는 소문, 허위 보도, 혹은 잘못된 정보로 구성된 뉴스를 말합니다. 이러한 가짜 뉴스는 사실 확인을 거치지 않거나 의도적으로 왜곡된 정보를 포함하여 사람들을 선동하거나 혼란을 일으킬 수 있습니다.

- 배우 A, 학교 폭력 가해자래.
- 가수 B, 음원 차트 1등 조작이래.
- 모델 C, 사기로 경찰서에 갔대.
- 아이돌 D, 얼굴 성형한 거래.

★ 가짜 뉴스가 우리 사회에 미치는 영향

가짜 뉴스는 혼란을 일으키고 사회적 분열을 조장할 수 있습니다. 예를 들어, 선행으로 모범을 보인 사람을 거짓으로 흠집 내면, 사람들 사이에 신뢰가 무너질 수 있습니다. 또한 가짜 뉴스는 혐오와 갈등을 부추기기도 합니다. 특정 정치인, 특정 성별, 특정 단체 등을 비방하는 가짜 뉴스에 그러한 힘이 있으므로 사실을 확인하려는 노력을 기울여야 합니다.

★ 가짜 뉴스 주요 출처는 유튜브

우리는 매일 가짜 뉴스를 접합니다. 우리가 가장 많이 접하는 경로는 유튜브와 SNS입니다. 그중 유튜브가 가짜 뉴스의 주요 전달 매체로 활용되고 있습니다.

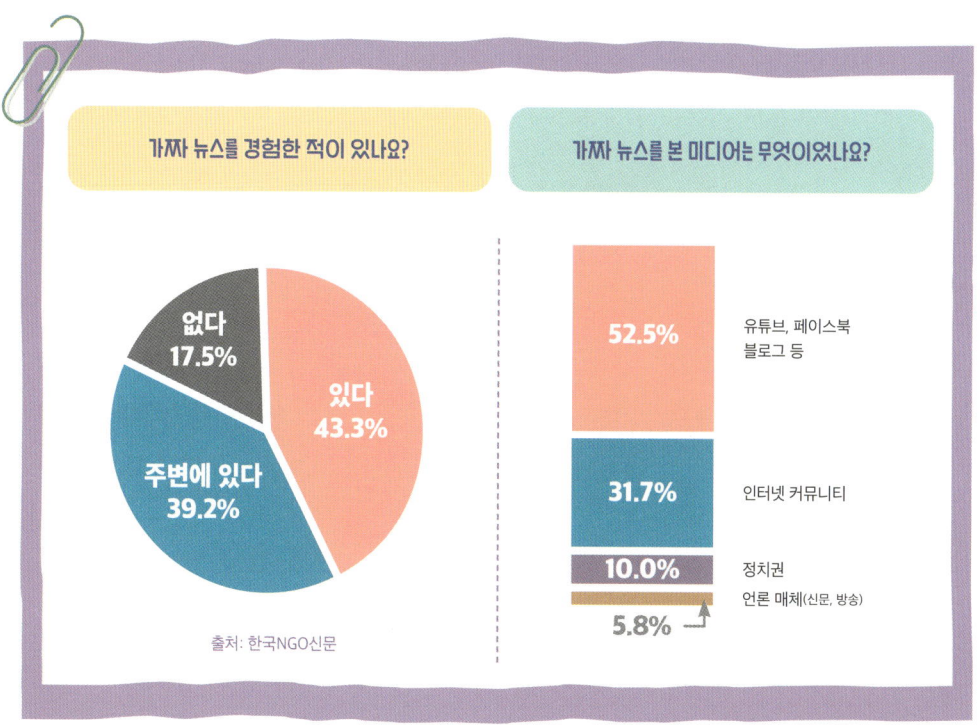

사람들은 왜 가짜 뉴스에 현혹되는 걸까?

정말 생각할수록 화나요! 대체 요즘은 왜 이렇게 가짜 뉴스가 판을 치는 걸까요?

오늘날 가짜 뉴스가 급격하게 늘어나게 된 데에는 여러 가지 이유가 있지요. 먼저, 급변하는 디지털 미디어 기술이 주요한 요인이라 볼 수 있습니다. 이제는 누구나 인터넷과 SNS를 통해 쉽게 정보를 생산할 수 있고, 널리 퍼뜨릴 수 있죠. 이에 따라 사실 확인이나 근거 검증 없이도 정보가 퍼져 나가기 쉬워요. 이러한 온라인 환경의 맹점을 가짜 뉴스가 파고드는 것이지요.

그럴수록 언론 역할이 중요한 건데! 요즘은 언론조차 가짜 뉴스를 확인도 없이 그대로 전달하거나 오히려 부추기는 기사를 써서 사회에 혼란을 주는 것 같아요.

정보가 빠르게 공유, 확산될수록 언론은 정확한 정보를 신속하게 전달해서 공론화해야 한다는 압박을 받게 됩니다. 특히 현장에서 뉴스를 취재하고 보도하는 기자들은 실시간으로 사건을 보도해야 하니까, 사실 확인에 소홀해질 수밖에요. 게다가 언론사 간의 경쟁이 치열해져서 신속한 보도로 뉴스 이용자의 시선을 끌어야 하는 압박도 있지요.

이러니까 우리는 어떤 정보가 진실인지 판별하기 더 어려워지는군요! 많은 이들이 가짜 뉴스에 쉽게 현혹되는 이유도 그 때문이고요!

게다가 우리는 자신의 선입견이나 선호하는 의견을 확인할 수 있는 뉴스를 찾는 경향이 있습니다. 이는 우리가 이미 가지고 있는 견해와 일치하는 정보를 찾으려는 욕구에서 비롯되지요. 따라서 우리는 자신의 선입견에 부합하는 내용을 더욱 쉽게 믿게 되고, 가짜 뉴스에 더 쉽게 현혹되는 요인이 됩니다.

정말이요? 전 스스로 이성적인 거미라고 생각했는데……. 저도 모르게 제가 믿고 싶은 사실만을 보려 했다니, 몰랐어요!

또 가짜 뉴스는 자극적이거나 충격적인 제목으로 우리의 호기심을 자극하지요. 우리의 감정을 자극해서 가짜 뉴스에 쉽게 현혹되도록 하는 것이랍니다. 뿐만 아니라 가짜 뉴스는 우리 사회를 두려움에 떨게 하는 내용을 담기도 합니다. 우리에게는 위험이나 위협을 느끼게 만드는 정보를 더 쉽게 받아들이는 경향이 있기 때문이죠.

* SNS를 통해 수많은 정보를 주고받는 요즘, 우리에게는 진짜 뉴스와 가짜 뉴스를 구별할 수 있는 능력이 꼭 필요합니다. 혹시 여러분은 정확하지 않은 뉴스를 친구에게 전한 적 없었나요? 가짜 뉴스를 판별하는 방법에 대해 알아봅시다.

OX 퀴즈

다음은 언론사가 수익을 창출하는 방법(돈을 버는 방법)에 관한 설명입니다. 각 문항을 잘 읽고 O 또는 X로 답해 보세요.

❶ 언론사의 주요 수익원은 정부 지원금이다.

❷ 언론사는 광고를 통해 수익을 창출하지만, 이외에도 구독자로부터 받는 구독료도 중요한 수입원이다.

❸ 언론사는 정부나 권력자들의 부정행위를 드러내는 역할을 하므로, 그들로부터 비밀 지원금을 받는다.

❹ 광고 수익은 언론사의 수익 창출에서 중요한 역할을 한다.

정답: ① X, ② O, ③ X, ④ O

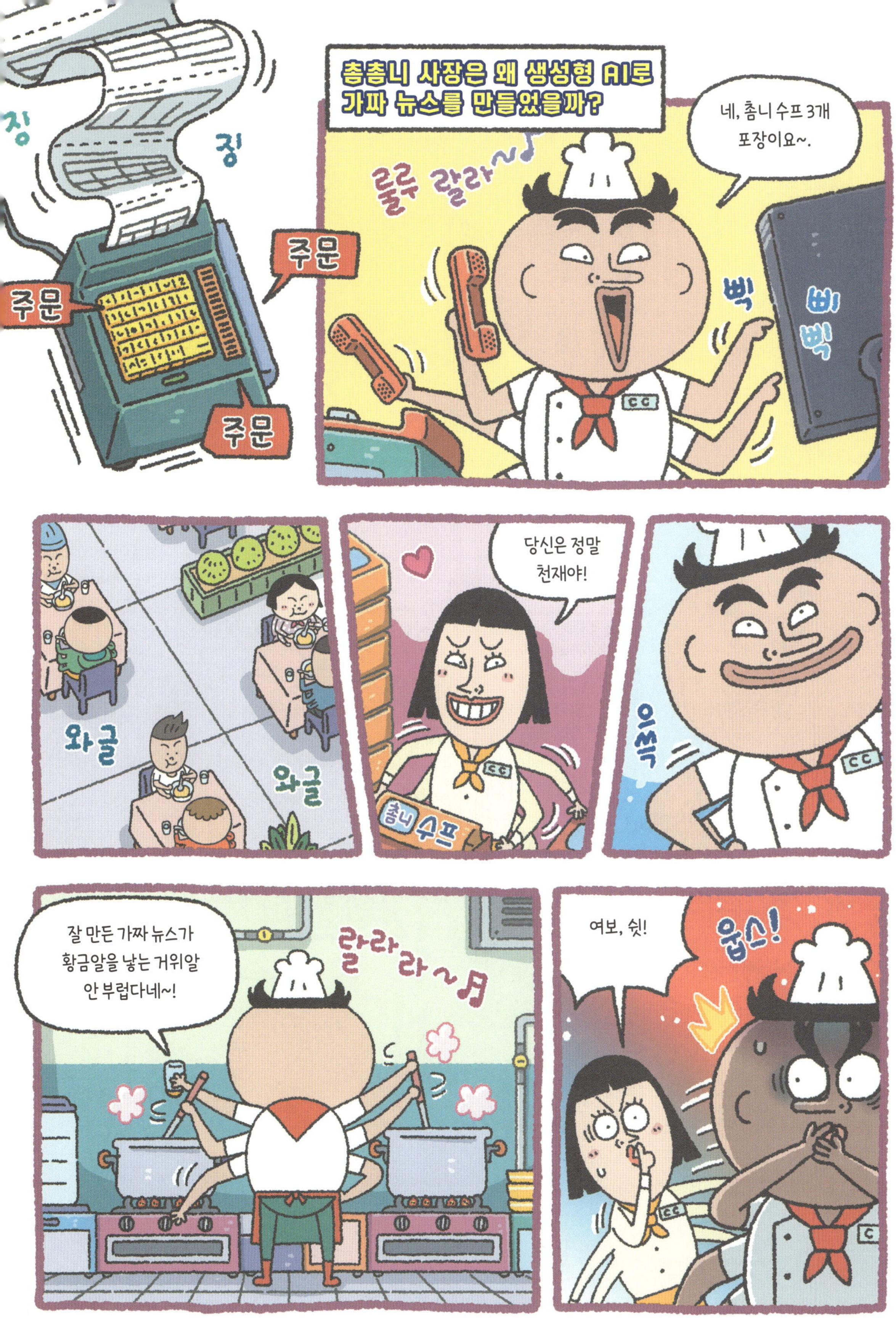

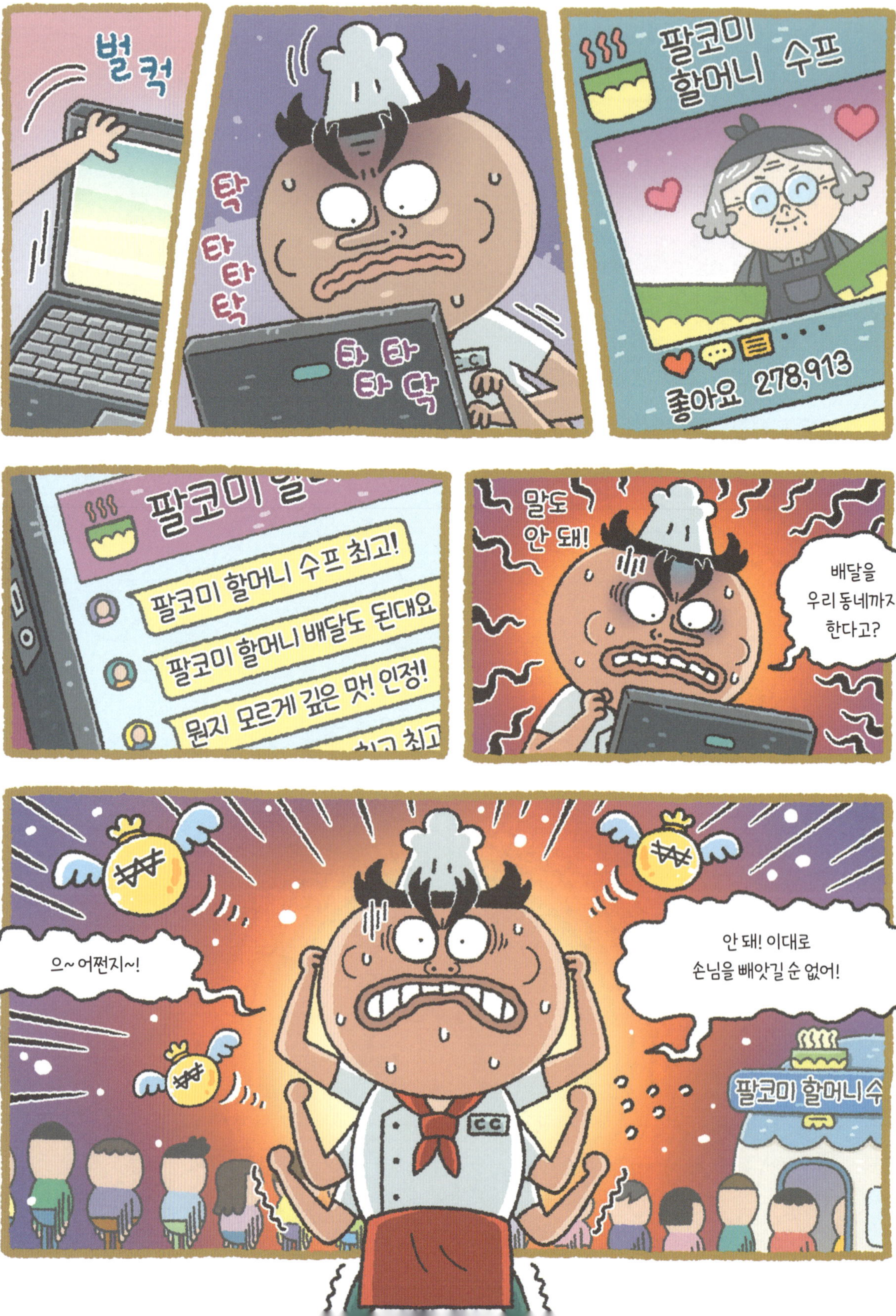

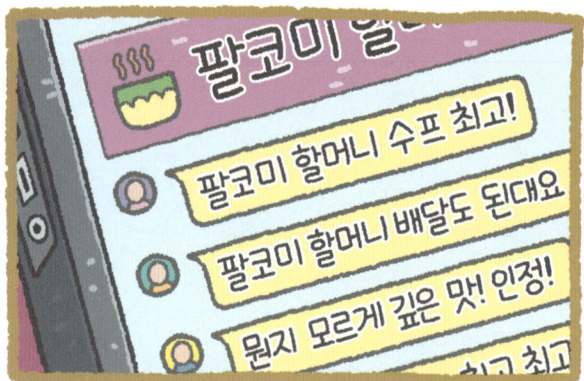

3장

뚝딱뚝딱
돌아가는
가짜 뉴스 공장

가짜 뉴스의 탄생

"사건의 진실을 확인하기 위해 팔코미 할머니 집 앞에 왔지만 며칠째 안에서는 인기척조차 들리지 않습니다. 깡충거미 마을을 집어삼킨 무섭고도 끔찍한 소문, 그리고 홀연히 사라진 팔코미 할머니. 어딘가 석연치 않습니다. 저희 타란툴뉴스는 진실이 밝혀지는 그날까지 최선을 다하겠습니다. 지금까지 타란툴뉴스, 실랑이였습니다."

짝짝짝짝!

"크흐, 역시 뉴스 하면 타란툴! 앵커 하면 실랑이라니까?"

텔레비전으로 8시 뉴스를 지켜보던 촘촘니 사장은 큰 소리로 손뼉을 치며 감탄했다. 함께 뉴스를 보던 촘촘니 사장의 아내도 덩달아 박수를 쳤다.

"여보, 역시 대단해! 난 타란툴뉴스에서 팩트 체크를 한다길래 얼마나 겁먹었다고. 대체 실랑이 앵커를 어떻게 구워삶은 거야?"

"돈이지 뭐 별거 있어? 원래 타란툴 하면 돈 좋아하기로 유명하잖아, 낄낄낄."

"하긴 예전부터 유명하긴 했지. 8다리일보랑 아주 비교되는 언론으로. 뭐. 8다리일보 대단했던 것도 다 옛날 말이긴 하지만."

"하여튼 깡충거미 마을 출신 아니랄까 봐? 거기 아직 안 망했어?"

"모, 모르겠네!"

촘촘니 사장이 거들먹거리며 묻자, 아내는 괜히 남편 심기를 건드리고 싶지 않아 말을 아꼈다. 그리고 속으로 생각했다.

'역시 돈밖에 모르는 타란툴뉴스, 여전하군. 돈에 매수되어서 가짜 뉴스가 진짜인 것처럼 힘을 실어 주다니. 에이 몰라. 어쨌든 우리 가게 장사만 잘되면 됐지, 뭐!'

촘촘니 사장의 아내는 고개를 저으며 불안한 마음을 달래려 애썼다.

"내일도 바쁠 것 같으니 얼른 자요, 여보!"

"그럽시다. 내일도오~ 돈을 쓸어~ 담아담아~ 보오세~."

촘촘니 사장은 내일도 주문이 밀려들 거라 생각하니 콧노래가 절로 나왔다. 아무리 생각해도 가짜 뉴스를 퍼뜨린 건 신의 한 수였다. 이렇게 쉽게 손님들을 되찾을 수 있을 줄 누가 알았겠는가?

그랬다. 팔코미 할머니에 대한 악의적인 소문을 퍼뜨린 건 타란툴라 마을의 촘니 수프 사장 촘촘니였다. 촘촘니 사장은 촘니 수프를 찾는 손님이 점점 줄어든 까닭을 팔코미 할머니 때문이라고 생각했다. 아무리 장사가 잘된다고 하더라도 같은 업종끼리 지켜야 할 상도덕이 있거늘! 타란툴라 마을까지 배달을 하다니! 촘촘니 사장도 팔코미 할머니가 수프 배달만 하지 않았다면 이런 비겁한 방법을 쓰지 않았을 것이다. 촘촘니 사장은 거미들이 팔코미 할머니 수프를 사 먹지 못하는 상황을 만들어야 한다고 생각했다. 그래야 손님들이 다시 자신의 수프 가게로 돌아올 거라 여겼다.

"근데 아직도 신기해. 어떻게 감쪽같이 가짜 뉴스를 만들었어? 진짜 기자가 쓴 거 같다니까!"

촘촘니 사장의 아내는 여전히 남편의 권모술수가 대단하다고 생각했다. 평소에 뉴스와는 거리가 멀었던 남편이 무슨 능력으로 그런 가짜 뉴스를 만들어 퍼뜨렸는지 아직도 의아했다.

"당신도 생성형 AI라고 들어봤지?"

"생성형 AI? 챗GPT 같은 거 맞지? 요즘 그거 모르는 거미가 어딨어. 근데 그게 왜?"

"생성형 AI에게 질문하면 진짜 같은 뉴스 기사 쓰는 건 일도 아니지."

3장 뚝딱뚝딱 돌아가는 가짜 뉴스 공장

"어머나! 요즘 AI가 못 하는 일이 없다더니 진짜 맞네? 나도 당신이 말 안 해 줬으면 깜빡 속을 뻔했다니까?"

평소에도 촘촘니 사장은 신메뉴 개발 전에 챗GPT의 도움을 받곤 했다. 자신은 생각지도 못했던 수프 요리법을 추천해 주는 챗GPT에게 혹시 뉴스 기사도 대신 써 줄 수 있냐고 물었다. 그러자 챗GPT는 요즘 언론사에서도 기자 거미를 대신해 생성형 AI가 기사를 쓴다고 했다. 스포츠 경기 결과나 날씨 예보, 금융 시장 업데이트 정도는 AI가 혼자서 충분히 기사로 작성할 수 있다면서 말이다. 그게 바로 촘촘니 사장이 가짜 뉴스를 진짜 뉴스인 양 완벽하게 만들 수 있었던 비법이었다.

"다른 거미들이라고 별수 있나? 모두 저렇게 철석같이 사실이라고 믿고 무서워 벌벌 떠는걸. 다른 신문사들도 깜빡 속아 후속 기사를 알아서 써 주니 더할 나위 없이 고맙지, 하하하!"

"유튜버들은 또 어떻고? 조회 수가 나올 것 같으니까 너도나도 이 이야기로 영상을 올리잖아! 아무튼 오늘 타란툴뉴스 팩트 체크 보고 거미들이 더 철석같이 믿겠지?"

"암, 그렇고말고! 그 가짜 뉴스만 믿고 팔코미 수프 대신 우리 가게로 몰려들고 있잖아! 앞으로 손님이 더 많아지겠지, 흐흐흐."

촘촘니 사장은 머지않아 돈방석에 앉게 될 거라는 상상을 하자 가슴이 벅차올랐다. 가짜 뉴스 문제가 심각하다는 이야기는 종종 들었지만,

자신이 가짜 뉴스 덕을 이렇게 톡톡하게 볼 거라고 누가 생각이나 했을까? 잃어버린 손님도 되찾고, 돈도 많이 벌고! 이 얼마나 좋은 일인가?

촘촘니 사장은 요즘 세상에 왜 그토록 가짜 뉴스가 판을 치는지 조금 알 것도 같았다. 생성형 AI에게 팔코미 할머니 수프에 문제가 있다는 내용의 기사를 작성해 달라고 했더니 단 몇 분 만에 실제 기사 뺨치는 가짜 뉴스가 탄생했다. 그리고 SNS 몇 군데에 그 가짜 기사를 올렸더니 하룻밤 새 진짜 뉴스로 둔갑하여 일파만파 퍼지게 됐다. 그 뒤로는 촘촘니 사장이 신경 쓰지 않아도 소문은 알아서 눈덩이처럼 불어났다.

한 유튜버가 팔코미 할머니 집을 찾아 잠복 취재한 영상을 올리면서 팔코미 할머니 수프에 어린 거미가 들어간다는 끔찍한 이야기까지 덧붙여진 것이었다. 그때부터였다. 촘촘니 사장 부부는 밀려드는 수프 주문에 행복한 비명을 지르게 됐다.

한편, 타란툴뉴스의 팩트 체크 방송이 나간 직후 거미 마을은 난리가 났다. 어느 마을에서든 거미들은 모이기만 하면 팔코미 할머니에 관해 이야기했다. 인터넷과 각종 SNS 역시 하루 종일 팔코미 할머니에 대한 괴소문으로 도배되었다.

"국장님, 이러다 방송사 홈페이지 마비될 거 같은데요?"

"예상했던 일이잖아. 호들갑 떨지 말자고."

타란툴뉴스 실랑이 국장은 후배 기자의 말에도 별일 아니라는 듯 대

답했다. 그리고 미동도 없이 계속해서 컴퓨터 모니터를 주시했다. 실랑이 국장은 타란툴뉴스 홈페이지에 실시간으로 올라오는 국민 거미들의 댓글을 확인하는 중이었다.

- **수프조아** 내가 먹었던 수프에 어린 거미가 들어갔다고 생각하면 끔찍해.

- **타란툴툴이** 하여튼 거미들 또 그런다. 하루에 몇 그릇 한정 판매만 하는 집에 허구한 날 찾아가서 더 팔아 달라, 배달 시작해 달라, 택배 배송 시작해라 난리를 치더니. 그 안에 뭐가 들어간지도 모르고 맛만 있으면 묻지도 따지지도 않고 칭찬이쥬?

ㄴ 🐥 **맛집친구** 나 아는 애도 어릴 적 할머니가 끓여 주던 수프 맛이라나 뭐라나 그러면서 툭하면 사 먹더니. 요즘 꿀 먹은 벙어리 됐음.

ㄴ 👭 **수프요정** 저 여기 매장 진짜 자주 갔는데 아동 착취도 있었던 거 같아요. 어린 거미들이 매장도 청소하고, 고사리 같은 손으로 재료도 손질하던 것 같은데. 그렇게 어린 거미들 부려먹고. 결국엔 아휴 진짜 입에 담기도 거북해요.

ㄴ 🐱 **배달쟁** 국민 거미 청원 가야 하는 거 아닌가? 진짜 역대급 사건인 듯.

쉼 없이 스크롤을 내리며 댓글을 확인하던 실랑이 국장은 쓰고 있던 안경을 벗고 잠시 눈을 질끈 감았다. 그리고 며칠 전 자신을 찾아왔던 촘촘니 사장과의 대화를 떠올렸다.

유튜브로 전해지는 가짜 뉴스

유튜브에는 많은 사람이 보게 하려고 감정적이거나 과장된 제목의 영상이 많습니다. 우리가 전통적인 미디어라고 믿었던 텔레비전이나 라디오, 신문과 달리 출처가 불분명한 경우가 많아 영상을 볼 때는 특별히 주의해야 합니다.

뇌물 받은 언론사

"타란툴뉴스에 저희 촘니 수프 광고를 크게 내고 싶습니다."

"예, 뭐 어려운 일은 아닙니다만 현재 광고 편성표를 살펴보니 8시 뉴스 전과 인기 예능 프로그램 뒤쪽 정도만 자리가 빌 것 같네요. 아시다시피 이때는 광고 단가가 좀 높은 편입니다."

"돈은 얼마든 상관없습니다. 대신 조건이 한 가지 있습니다."

촘촘니 사장은 자신이 만든 가짜 뉴스가 진짜 뉴스로 둔갑하여 일파만파 퍼지는 것을 지켜보며 판을 키워야겠다고 마음먹었다. 기세를 몰아 팔코미 할머니 수프 가게를 완전히 문 닫게 만들고, 거미 마을의 수프 시장을 장악해야겠다는 욕망이 꿈틀거렸다. 촘촘니 사장은 이것을 가능하게 하려면 타란툴뉴스만 한 곳이 없다고 생각했다.

"지금 인터넷에 난리가 난 그 사건 있잖습니까? 그 사건에 대해 팩트 체크 방송을 해 주길 원합니다. 대신, 저희 촘니 수프에 유리하도록 말이죠."

"지금 저더러 가짜 뉴스를 만들라는 말인가요?"

촘촘니 사장의 은밀한 제안에 실랑이 국장은 기분이 팍 상했다. 아무리 뒷돈 받는 언론사라고 손가락질을 받는 곳이라고 해도, 이곳 타란툴 뉴스에 이직한 후에도 꿋꿋하게 자신의 신념을 지키며 뉴스를 보도해 온 실랑이였다.

"이미 타란툴뉴스 경영진 분들과는 이야기가 되었습니다. 엊그제 함께 식사하면서 촘니 수프 광고 건에 대해 협의했지요. 다만 실랑이 국장님이 워낙 올곧은 분이라 직접 설득해 보라고 하시길래 오늘 이렇게 찾아온 겁니다."

'헉!'

촘촘니 사장의 능글맞은 태도에 실랑이 국장은 기가 차서 말이 나오지 않았다. 촘촘니 사장은 아랑곳하지 않고 실랑이 국장에게 작은 상자 하나를 건네며 말했다.

"제가 국장님 드리려고 손목시계 하나 샀습니다. 매번 뉴스 나오실 때마다 그 손목에 찬 낡은 시계가 자꾸 마음에 걸리더라고요! 국장님께는 이런 명품 시계가 어울립니다! 하하하."

촘촘니 사장은 실랑이 국장 손을 덥석 잡으며 말했다.

"이, 이거 놓으시죠! 전 명품 시계 따위는 필요 없으니 가지고 돌아가세요. 지금 차고 있는 시계로도 충분합니다."

실랑이 국장은 촘촘니 사장의 손길을 뿌리치며 단호하게 말했다. 그리고 한쪽 손목에 차고 있는 낡은 시계를 만지작거렸다.

실랑이 국장이 매일 하고 다니는 낡은 손목시계는 아주 오래전 털보리 기자로부터 받은 생일 선물이었다. 함께 8다리일보에서 기자로 일하며 돈독한 우애를 자랑했던 둘은 좋은 직장 동료이자 친구였다.

털보리 국장은 당시 손목시계를 건네며 '녹음 기능이 있는 취재용 시계니 앞으로 요긴하게 쓰길 바란다'고 했었다. 그리고 실랑이 국장은 그 손목시계를 이용해 부패한 거미들을 폭로하는 데 필요한 증거를 모으곤 했다. 실랑이 국장은 타란툴뉴스로 이직한 뒤 손목시계의 녹음 기능을 사용할 일이 거의 없었지만 아직도 털보리 국장에게 선물 받은 시계를 분신처럼 몸에 지니고 다녔다.

"타란툴뉴스로 이직하고 경영진과 매번 다투신다지요? 좋은 게 좋은 거라고, 국장님도 이제 그만 성질 좀 죽이세요."

"뭐요? 지금 말 다 했어요?"

촘촘니 사장의 비꼬는 듯한 말투에 실랑이 국장은 화가 났다.

"아이고, 국장님! 그런 뜻이 아니라…… 물론 국장님 뜻은 다 알죠! 하지만 윗분들도 입장이라는 게 있지 않습니까? 언론사 운영하는 데 어디 돈이 한두 푼 들어갑니까? 경영진들도 밑에 기자들 월급 주려고 다들 노력하는 거잖습니까. 이번에 제가 촘니 수프 광고를 크게 내면, 국장님도 보너스 받고 좋잖아요?"

"무슨 보너스를 받습니까? 말 좀 지어내지 마세요!"

"그러니까 팩트 체크 방송을 저희 촘니 수프 쪽으로 유리하게만 만들어서 내보내면……."

"그만 돌아가시죠. 저는 더 할 말이 없습니다. 먼저 일어나 보겠습니다."

결국 실랑이 국장은 촘촘니 사장을 회의실에 두고 먼저 자리에서 일어났다. 그리고 당장 타란툴뉴스 사장에게 전화를 걸었다. 그러나 전화를 받지 않았다. 곧이어 실랑이 국장은 타란툴뉴스 이사에게 전화했다. 역시 받지 않았다. 모두 실랑이 국장의 전화를 피하고 있었다. 그때 실랑이 국장 스마트폰으로 문자 한 통이 날아왔다.

실랑이 국장, 이번 팩트 체크 방송에 대한 우리 경영진 입장은 모두 같네. 팔코미 할머니에 대한 여론이 이렇게 안 좋은 상황에서 소문이 진짜인지 아닌지를 밝히는 게 뭐 중요하겠는가? 지금 국민 거미들은 팔코미 할머니가 어떻게 추락하는지 보고 싶을 뿐이라고. 국민들이 원하는 뉴스를 보도하는 것도 언론이 해야 할 일이라고 생각하게나. 그냥 대충 슬쩍 의혹 제기 정도만 하고 끝내라고. 무슨 말인지 이해했다고 믿겠네. 만약 이번 방송도 자네 뜻대로 내보냈다간 자네 밑에 있는 후배들까지 부당한 대우를 받게 될 테니 각오하라고.

"이, 이게 지금 무슨……?"

실랑이 국장은 문자 내용을 보고 경악했다. 타란툴뉴스 경영진은 실랑이 국장과 함께 일하는 후배 기자들까지 볼모로 삼아 압박하고 있었다. 실랑이 국장은 머리가 지끈거렸다. 그저 돈 되는 뉴스라면 사실이든 아니든 보도부터 하길 바라는 타란툴뉴스 경영진 태도에 실랑이는 진저리가 날 지경이었다. 자신에게 스카우트 제안을 할 때만 해도, 함께 깨끗하고 공정한 뉴스를 만들어 보자고 했는데……. 그 말을 믿었던 스스로가 바보처럼 느껴졌다.

결국, 실랑이 국장은 타란툴뉴스 경영진의 압박을 이기지 못하고 팩트 체크 방송을 내보낼 수밖에 없었다. 자신을 해고하겠다는 협박에도 지금껏 아랑곳하지 않았던 실랑이 국장은 자신과 함께 일하는 동료들을 볼모로 삼아 압박을 가하는 경영진에게 결국 백기를 들고 말았다.

하지만 예상대로 팩트 체크 방송은 가짜 뉴스에 날개를 달아 주는 격이 되어 버렸다. 사라진 팔코미 할머니를 찾아내 혼쭐을 내주고 정의 구현하겠다며 혈기 왕성한 거미들이 단체를 조직하질 않나, 팔코미 할머니가 어린 거미들의 노동력마저 착취했다는 새로운 의혹이 제기되며 노동청 역시 조사에 들어간다는 말도 나왔다. 실랑이 국장은 눈앞이 캄캄해졌다.

가짜 뉴스를 만드는 이유

사실도 아닌 가짜 뉴스를 지어내는 이유는 무엇일까요? 첫째, 돈을 벌기 위해서입니다. 사람들이 많이 접속하는 사이트나 유튜브는 구독자 수나 조회 수에 따라 광고 수익을 낼 수 있습니다. 그래서 자극적인 가짜 뉴스를 만들어 사람들의 방문을 유도합니다. 한 예로 2016년 마케도니아에 사는 열일곱 살 소년은 6개월간 트럼프를 지지하고 트럼트가 대통령에 당선될 수 있도록 가짜 뉴스를 만들어 약 6만 달러(당시 한화 6,700만 원)를 벌었습니다.

둘째, 자기만족을 위해서입니다. 가짜 뉴스는 SNS나 포털 사이트를 통해서 빠르게 퍼져 나갑니다. 이때 사람들이 흥미를 가질 만한 자극적인 기사를 만들어서 올리면 큰 관심을 받을 수 있습니다. 그러니까 사람들의 관심을 받고자 거짓된 정보를 퍼뜨리는 것입니다.

셋째, 정치적 도구로 사용하기 위해서입니다. 유독 선거철에 가짜 뉴스가 많이 나오는데, 자신이 지지하는 정치 세력이 정권을 유지할 수 있기를 바라는 마음에서이지요. 이때 사실이 아닌 허위 정보나 부정적인 이미지를 만들어 가짜 뉴스를 만듭니다.

생성형 AI와 딥페이크 기술

★ 생성형 AI

인공 지능 알고리즘을 사용하여 이미지, 음성 또는 텍스트와 같은 콘텐츠를 생성하는 기술입니다. 생성형 AI는 사람이 만든 것을 보고 배우며 새로운 것을 만들어 내는 컴퓨터입니다. 사용자가 명령을 내리면 그림도 그려 주고, 글도 써 주고, 음악도 만들어 줍니다.

- 미드저니(Midjourney) 그리고 싶은 그림을 글로 입력하면 알아서 그림을 그려 주는 그림 AI
- 이매진 비디오(Imagen video) 구글이 만든 영상 AI
- 이봄(EvoM) 우리나라 크리에이티브마인드에서 만든 작곡 AI

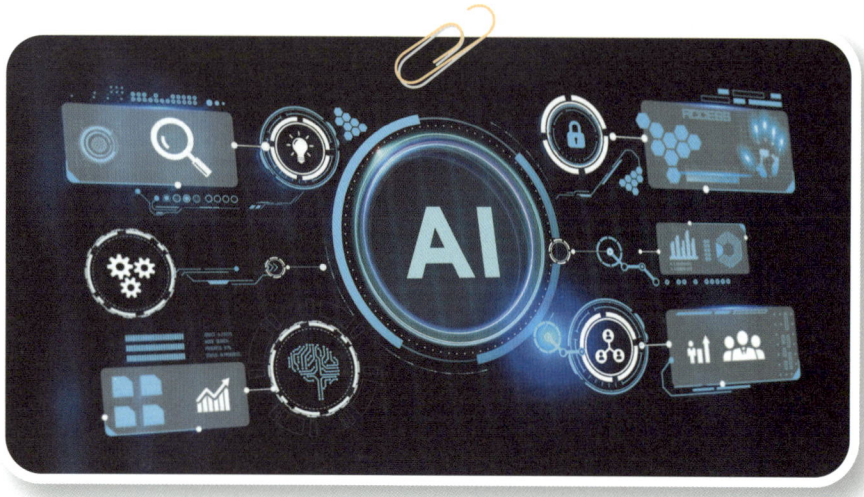

★ 인공 지능이 그린 작품의 저작권 문제

한 미술대회에서 생성형 AI로 그린 그림이 1등을 차지해 논란이 되었습니다. 게임 기획자 제이슨 앨런이 미드저니에 지시어를 입력해 만들어 낸 그림이었습니다. 이 수상 소식 이후 AI 화가가 그린 그림의 저작권은 누구에게 있는 것인지에 대한 찬반 논쟁이 있었습니다.

▲ 2022년 미국 콜로라도 주립 박물관 미술대회 디지털 아트 부문 1위 수상작, '스페이스 오페라 극장(Theatre D'opera Spatial)' 　출처: Midjourney

★ 가짜 정보를 퍼뜨리는 딥페이크

딥페이크(Deepfake)란 인공 지능을 기반으로 활용한 인간 이미지 합성 기술입니다. 기존에 있던 인물의 얼굴이나 특정한 부위를 영화의 CG 처리처럼 합성한 영상 편집물을 말합니다. 현재 딥페이크 기술은 인물의 얼굴을 본 떠 영상에 그대로 입히는 특징을 지니고 있습니다.

미국에서는 2023년 3월, 도널드 트럼프 전 미국 대통령이 경찰에 체포되는 모습을 담은 가짜 사진이 SNS를 통해 널리 퍼졌습니다. 이 사진은 엘리엇 히긴스가 이미지 생성 AI인 미드저니를 통해 제작했습니다. 딥페이크는 유명인의 사진 몇 장만으로 실제로는 하지 않은 말과 행동을 꾸며낼 수 있습니다. 당시 트럼프 전 미국 대통령이 경찰에 체포됐다는 가짜 뉴스도 확산되었습니다.

출처: 트위터(Eliot Higgins)

토론왕 되기!

기사형 광고, 기사일까? 광고일까?

여보, 이것 좀 봐요. 이제는 사진, 동영상은 기본이고 그래픽에 카드 뉴스까지…… 재미있는 게 참 많지 않나요?

그러게요. 특히 요즘은 SNS를 통해 기사를 접하는 이들이 늘다 보니 기사도 간결하고 시각적으로 매력적이어야 뉴스 이용자의 눈길을 끌겠더라고요.

그러니까 말이오. 기술이 발전하는 만큼 언론 매체들도 그에 맞게 변화하고 발전하는 거겠지요.

여보, 요즘에는 기사인 줄 알았는데 알고 보니 제품이나 업체에 대한 광고인 경우도 많이 있어요. 처음엔 건강 관련 뉴스인 줄 알고 읽다 보니 영양제 광고 기사였다니까요?

맞아요. 이것도 기술이 발전하면서 생긴 현상 중 하나라고 볼 수 있다더군요. 기사와 광고의 경계가 모호해지는 건데, 인터넷 광고가 확대되면서 많은 업체가 더 다양한 형태의 광고를 제작하고 그러면서 기사를 삽입하는 경우가 많아진 거지요.

어머나! 그렇다면 언론사에서 돈을 받고 광고성 기사를 써 줄 수도 있다는 말인가요?

언론사에서는 광고주로부터 돈을 받아 제품이나 서비스에 대한 긍정적인 내용을 담은 기사를 쓰는 경우가 있어요. 이런 경우에는 독자들이 그 기사를 보고 제품이나 서비스에 대해 긍정적인 인상을 받게 되는데, 이는 광고와 유사한 효과를 가져올 수 있지요.

그렇다면 광고성 기사가 가짜 뉴스와 다를 게 뭐죠?

가짜 뉴스는 사실이 아닌 정보를 알려 주는 것이지만, 광고성 기사는 실제 존재하는 제품이나 서비스에 대한 사실을 바탕으로 작성된 내용이니 엄밀히 말해 같다고 볼 수는 없지요. 하지만 그렇다고 해서 광고성 기사가 항상 중립적이거나 공정하게 작성되는 것은 아니에요.

* 언론사의 주 수입은 광고입니다. 그래서 광고성 기사를 내보내지요. 그렇다면 언론사가 광고를 기사처럼 만드는 이유는 무엇일까요? 이런 광고 때문에 피해를 입은 사람은 없을까요? 친구와 함께 토론해 봅시다.

빈칸 채우기

다음은 본문에서 다룬 중요한 단어들에 대한 설명입니다. 아래 보기에서 알맞은 단어를 찾아 빈칸을 채워 보세요.

보기

생성형 AI, 가짜 뉴스, 챗GPT, 딥페이크 기술

최근에는 인공 지능 기술이 발전함에 따라 ① _____ 와 ② _____ 이 주목받고 있습니다. ① _____ 는 대량의 데이터를 학습하여 새로운 콘텐츠를 생성하는 데 사용되며, ② _____ 은 인공 지능을 통해 사람의 얼굴이나 목소리를 합성하여 사실과 다름없는 영상이나 음성을 만들어 냅니다. 이러한 기술들은 사진, 동영상, 음성 등 다양한 형태의 미디어를 생성하고 가공할 수 있다는 장점이 있지만, 범죄에 쉽게 악용될 우려가 있다는 점에서 이용자의 주의가 필요합니다.

정답: ① 생성형 AI, ② 딥페이크 기술

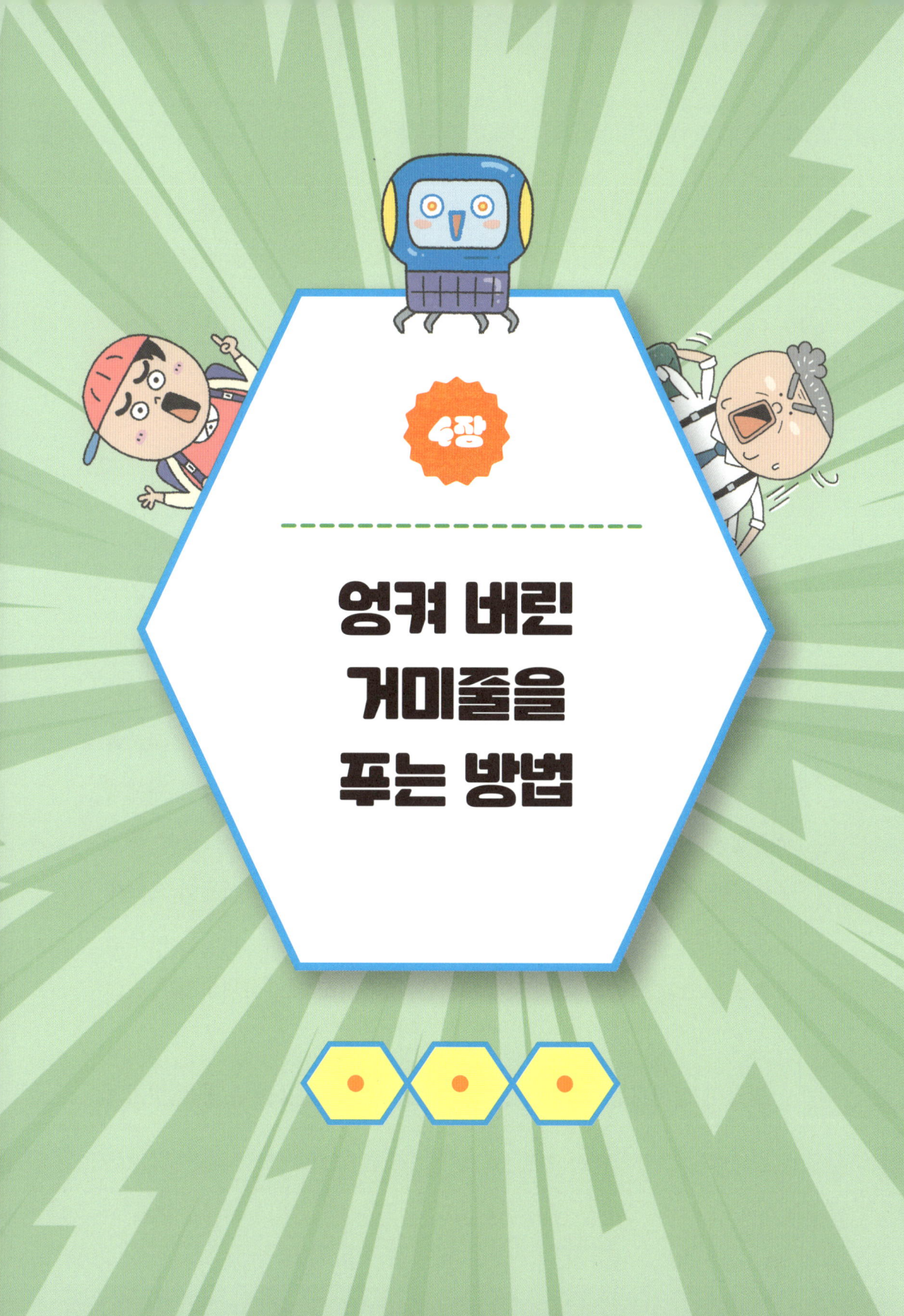

가짜 뉴스와의 전쟁

"죄송하지만 저는 이번 일에 관해 반박 기사를 내거나 해명 인터뷰를 할 생각이 없습니다. 그저 얼른 소문이 잦아들기만을 바랄 뿐이지요. 인터넷에 내 신상이 퍼지는 데는 단 며칠밖에 걸리지 않았어요. 소문을 바로잡기 위해 섣불리 나섰다간, 내가 돌보는 어린 거미들마저 매체에 노출될 위험이 있습니다. 그 아이들 중에는 부모가 없거나 몸이 불편한 녀석들도 있지요. 남 말하기 좋아하는 거미들 입에 아이들이 오르내리게 된다면 아이들은 크게 상처받을 거예요. 제가 입는 피해는 아무렴 상관없습니다. 저에게 제일 중요한 건, 어린 거미들의 안전과 건강이니까요."

팔코미 할머니는 완강했다. 팔코미 할머니의 억울한 누명을 벗기 위해 직접 기사를 쓰겠다는 털보리 국장의 도움도 한사코 거절했다. 결국 휘강이와 털보리 국장은 별다른 소득 없이 신문사로 돌아올 수밖에 없었다.

"팔코미 할머니가 그렇게 나오실 줄은 몰랐어요. 전 그저 국장님만

설득해서 할머니 입장을 기사로 내보내면 문제가 해결될 거라 생각했어요."

"하지만 어린 거미들을 걱정하는 팔코미 할머니 입장도 충분히 이해가 갑니다. 또 해명 기사를 낸다고 해도 지금 상황을 한 번에 역전시키기는 어려울 거고요."

휘강이의 말에 털보리 국장도 답답한 듯 대답했다.

"그럼, 이제 어쩌죠? 정말 팔코미 할머니 말대로 거미들 관심이 시들해지고 소문이 사그라질 때까지 그저 기다릴 수밖에 없나요?"

"직접 발로 뛰는 수밖에요. 팔코미 할머니에 대한 소문이 모두 누군가에 의해 만들어진 가짜 뉴스라는 걸 밝혀냅시다."

"하지만 어떻게요?"

취재란 걸 해 본 적 없는 휘강이는 털보리 국장 말이 이해가 가질 않았다. 가짜 뉴스가 도대체 언제 어떻게 시작되고, 누구에 의해 만들어 퍼졌는지, 그걸 어떻게 밝혀내겠다는 건지 궁금할 뿐이었다.

"휘강 학생이 도와준다면 좋겠는데 말이죠?"

"제, 제가요? 무, 물론이죠! 팔코미 할머니 누명만 벗을 수 있다면 뭐든 할게요. 하지만 제가 도움이 될까요? 국장님은 진짜 신문사에서 일하는 기자이지만 전 그저 학생일 뿐인걸요."

"매체가 발달하면서 뉴스를 전하는 방식에도 변화가 생겼고 뉴스를 전하는 이들도 다양해졌지요. 시민 기자라는 말 들어 봤죠? 휘강 학생을 8다리일보의 시민 기자로 임명하겠습니다. 팔코미 할머니에 대한 가짜 뉴스 문제를 해결하기 위해서 나와 함께 힘써 주겠나요?"

털보리 국장은 눈을 반짝이며 물었다.

"네! 좋아요! 한번 열심히 해 볼게요!"

휘강이는 주먹을 꽉 쥐며 힘있게 대답했다.

"먼저 이번 사건의 시발점이 된 가짜 뉴스 기사부터 꼼꼼히 짚어 봅

팔코미 할머니를 위해서 기꺼이 시민 기자가 되겠어요!

4장 엉켜 버린 거미줄을 푸는 방법

시다. 학교에서 선생님께서 시험 문제를 내시고는, '문제 속에 답이 있다'고 종종 말씀하시지요? 가짜 뉴스에도 분명 힌트가 될 만한 것들이 있을 겁니다."

"맨 처음 떠돌기 시작한 가짜 뉴스 기사라면…… 이, 이거예요! 저도 단톡방에서 가장 먼저 이 기사 링크를 공유 받았어요."

휘강이는 털보리 국장에게 스마트폰을 내밀며 말했다. 털보리 국장은 가짜 뉴스 기사를 찬찬히 읽었다.

NEWS

웰빙 바람 뒤에 숨겨진 건강 수프의 민낯!
식약처, 전국 수프 업체 전수 조사하다!

최근 거미들 사이에서 건강 수프가 인기를 끌고 있는 가운데, 같은 업체의 수프를 먹고 복통과 구토 증상을 겪은 거미가 속출하면서 식약처(식품 약품 안전처)가 조사에 나섰다. 지난 2일, 식약처는 전국 수프 업체 다섯 군데를 대상으로 시판용 수프 샘플에 대해 전수 조사를 시행했다고 밝혔다. 그리고 그 결과 깡충거미 마을에 주소지를 둔 한 업체의 수프에서 발암 물질이 검출되었다는 충격적인 사실이 밝혀졌다. 식약처 관계자는 "조사 결과, 나이 든 분들, 특히나 혼자서 업체를 운영하는 곳일수록 위생이나 식재료 상태가 엉망이었다"라며 "유통 기한을 표기하지 않은 채, 수프를 한 번에 왕창

끓여 놓고 여러 날에 걸쳐 팔기도 한 것으로 조사됐다. 이러한 불량 업체에 대해서는 과태료를 부과하고 영업 정지 처분을 내릴 예정"이라고 말했다.

허위미 기자

가짜 뉴스와 확증 편향

혹시 친구와 인터넷으로 같은 단어를 검색했는데 결과가 다르게 나타난 적 없었나요? 이것은 바로 필터 버블에 의해 이용자에 따라 맞춤형 정보로 결과가 나오기 때문입니다. 그러니까 평소 나의 관심사에 따른 유사한 정보를 찾아주는 것이지요. 예를 들어, 유튜브를 볼 때 내가 자  주 본 동영상이 있다면 그 아래로 유사한 정보가 추천되는 것처럼 말이지요.

그런데 필터 버블의 문제는 바로 확증 편향을 일으킨다는 것입니다. 확증 편향이란 자신의 가치관이나 신념에 부합하는 정보만 신뢰하는 것을 말합니다. 그러니까 내가 믿고 싶은 사실만 믿고, 다른 사람의 이야기에는 귀를 닫는 것이지요. 그런데 가짜 뉴스와 확증 편향이 무슨 관계냐고요? 우리는 SNS에서 나의 관심사와 비슷한 사람과 네트워크를 맺고 자주 정보를 공유합니다. 그런데 이때 이 사람들과 특정 주제에 대해 자주 이야기를 나누면 그 주제의 이야기를 진실로 받아들이게 됩니다. 여기에 사실이 살짝 섞인 가짜 뉴스를 접한다면, 쉽게 믿을 뿐만 아니라 비슷한 생각과 관심사를 가진 사람에게 가짜 뉴스를 진실인 양 퍼뜨리게 됩니다.

진실을 찾아서

"깡충거미 마을에는 수프 가게가 하나뿐이라고 알고 있는데요. 사실인가요?"

기사를 읽고 있던 털보리 국장은 휘강이를 쳐다보며 물었다.

"네, 맞아요. 팔코미 할머니가 운영하는 '팔코미 수프'뿐이에요. 이름만 쓰지 않았을 뿐, 누가 읽어도 팔코미 할머니 가게 얘기라는 걸 알 수 있죠. 누가 만들어 낸 가짜 뉴스인지 정말!"

휘강이는 주먹을 불끈 쥐며 화난 목소리로 말했다.

"인터넷 뉴스, 스파이더 인사이드? 처음 듣는 곳이군요."

"저도 알아봤는데 그런 인터넷 뉴스는 없더라고요. 허위미라는 기자도 없고요!"

"기사 속 '식약처'도 교묘하게 '식품 약품 안전처'라고 적어 놓았군요. 본래 '식품 의약품 안전처'가 맞지요. 진짜처럼 보이려고 정부 부처 이름을 비슷하게 써 놓고 거미들을 현혹하고 있군요."

털보리 국장은 여전히 기사에서 눈을 떼지 않은 채 말했다.

"대체 누가 이런 장난을 친 걸까요? 이렇게 기사를 쓸 정도면 어린 거미들은 아닌 거 같은데……."

"휘강 학생 말대로 이 기사는 누가 봐도 팔코미 할머니 가게를 떠올리게끔 작성됐어요. 제목만 언뜻 읽어서는 식약처가 전국 수프 가게를 전수 조사한 내용인 듯하지만, 내용은 무척 노골적으로 팔코미 할머니 가게를 겨냥하고 있죠. 마치 이 가짜 뉴스로 인해 팔코미 할머니 가게가 문이라도 닫길 바라는 마음인 듯 말이에요. 팔코미 할머니 가게가 피해를 본다면, 반대로 그로 인해 이익을 보는 집단은 어디일까요?"

"이익이라……. 당연히 다른 수프 가게들 아닐까요? 이 가짜 뉴스가 떠돌기 전까지만 해도 팔코미 할머니가 만든 수프의 인기는 대단했어요. 바로 옆 동네 타란툴라 마을 거미들까지 찾아올 정도였다고요. 할머니는 멀리서 온 손님들이 고마워서 무료 배달 서비스까지 생각하고 있었어요. 인기 있었던 팔코미 할머니 수프 가게가 문을 닫는다면 다른 수프 가게로 거미들이 몰려들지 않을까요?"

"음, 일리 있는 이야기예요."

휘강이의 말을 들은 털보리 국장은 고개를 끄덕였다.

"본래 가짜 뉴스란 특정 집단이 자신들의 이익이나 이득을 위해 만든다는 게 가장 큰 특징입니다. 휘강 학생의 말처럼 팔코미 할머니 가게가 문을 닫는다면 가장 이익을 볼 집단은 다른 수프 가게들일 거예요. 그렇다면 인근 수프 가게에 대해 조사할 필요가 있겠군요."

"그건 저에게 맡겨 주세요. 요즘은 인터넷만 검색해 봐도 전국에 수프 가게가 몇 개인지, 어디에 있는지, 무얼 파는지 다 나오니까요."

휘강이는 자신만만하게 말했다.

"좋아요. 그럼 휘강 학생이 다른 경쟁 업체를 조사해 줘요. 나는 우리가 팔코미 할머니에 대한 의혹을 풀기 위해 기획 취재를 시작했다는 내용으로 기사를 작성해야겠어요. 본격적으로 움직여 봅시다."

털보리 국장과 휘강이는 나란히 컴퓨터 앞에 앉아 각자 할 일을 시작했다.

털보리 국장의 손은 컴퓨터 자판 위에서 춤을 추듯 움직였다. 모니터에 시선을 고정한 채 기획 기사를 서슴없이 써 내려가는 털보리 국장은 완전히 집중한 모습이었다. 그 모습을 곁눈질로 훔쳐보던 휘강이도 가짜 뉴스의 근원지를 찾기 위해 열심히 인터넷을 뒤지기 시작했다.

"어? 이게 뭐지?"

증거를 찾는데 열중하던 휘강이는 자신도 모르게 중얼거렸다.

| 기획 연재 | **NEWS** | 8다리일보 |

깡충거미 마을에 떠도는 수상한 소문의 정체

최근 깡충거미 마을에 떠돌고 있는 흉흉한 소문으로 인해 우리 사회가 혼란에 빠졌다. 하지만 사건에 관한 의혹과 추측만 난무할 뿐, 정확히 확인된 사실은 없었다. 이에 '8다리일보'는 팔코미 할머니를 둘러싼 수많은 소문과 의혹을 해소하고 진실을 밝히기 위해 기획 기사를 마련했다. 사건의 모든 측면을 면밀하게 조사하고, 취재를 통해 소문과 관련한 객관적인 정보를 수집해 사실을 근거로 한 기사를 보도할 예정이다. 또한 팔코미 할머니의 수프 제작 과정부터 소문이 시작된 배경까지 상세하게 파헤치며, 오해와 잘못된 정보에 관한 정확한 설명과 팩트를 제공하고자 한다. -편집자 주-

1탄 다급한 제보 메시지
2탄 커져만 가는 의혹, 진실은 어디에

"뭘 좀 찾았나요?"

휘강이의 목소리에 털보리 국장이 얼른 물었다.

"이, 이것 좀 보세요! 지금까지 제가 조사한 바로는 팔코미 수프의 경쟁 업체라고 여길 만한 곳은 타란툴라 마을의 '촘니 수프'가 유일해요. 전국에 건강 수프를 파는 가게는 총 다섯 곳이지만 팔코미 수프와 촘니 수프를 제외한 나머지 세 곳은 우리 동네에서 두 시간 이상 떨어진 먼 곳이에요. 그래서 저는 촘니 수프에 대해서 좀 더 자세하게 알아보는 중에 사장이 직접 운영하는 블로그를 발견했어요. 그리고 여기 가장 최근에 올라온 게시물이 바로 이거예요."

촘니 수프, 타란툴 방송에 영상 광고 시작! 방송 광고 인증샷 찍고 선물 받자! 아래 광고 편성표를 확인하세요.

"방송 광고를 시작한 모양이군요. 편성표를 보니 8시 뉴스 전, 인기

예능 프로그램 후로 전부 황금 시간대에 광고를 하고 있고요."

털보리 국장은 블로그 내용을 보며 말했다. 그리고 최근 타란툴뉴스에서 팔코미 할머니 의혹에 관한 팩트 체크 방송을 내보냈다는 사실을 떠올렸다.

"최근 타란툴뉴스의 팩트 체크 방송이 정확히 며칠이었죠?"

"실랑이 앵커가 직접 나왔던 그 방송이요? 3일 전이요. 정확히 10월 15일이요!"

"흠. 광고 편성표를 보니 촘니 수프가 타란툴 방송국에서 광고를 시작한 날짜도 공교롭게 10월 15일부터군요."

"헉! 그렇다면? 촘니 수프 사장이 가짜 뉴스를 만들어 퍼뜨리고 타란

툴뉴스에 사주해서 팔코미 할머니 의혹에 힘을 실어 주는 팩트 체크 방송을 내보내게 한 걸까요?"

털보리 국장 말에 휘강이는 눈이 휘둥그레지며 말했다.

"지금까지 조사한 내용만으로 단정 짓기는 힘들지만, 정황상 의심이 가긴 하는군요. 취재 대상을 조금 좁힐 필요가 있겠어요. 촘니 수프와 타란툴뉴스에 대해 자세히 알아봅시다."

"마침 촘니 수프 블로그에 아르바이트생을 구한다는 글이 있어요. 제가 한번 지원해 볼까요? 거기서 직접 일하다 보면 뭔가 보고 들을 수 있지 않을까요?"

휘강이가 눈빛을 반짝이며 말했다.

"잠입 취재를 하겠다는 거군요. 좋은 생각이에요. 그렇다면 나는 타란툴뉴스를 파헤치도록 하죠. 그쪽에 아는 기자들이 여럿 있으니 이번 사건에 대해 그쪽 기자들은 어떤 입장인지, 팩트 체크 방송은 어떻게 내보내게 됐는지 등을 알아봐야겠어요."

털보리 국장과 휘강이는 각자 취재를 시작했다.

생성형 AI에게 질문하는 법

AI는 포괄적으로 질문하면 포괄적으로 대답하고, 구체적으로 질문하면 구체적으로 대답합니다. 따라서 필요한 내용에 맞춰 구체적으로 질문하는 것이 좋습니다. 그래야 자세하고 정확한 답변을 얻을 수 있습니다. 또 자세한 정보를 알고 싶다면 '더 자세히', 짧게 요약된 정보를 알고 싶다면 '더 짧게'라는 말을 입력하면 됩니다.

휘강

친구랑 같이 보면 좋을 애니메이션 추천해 줘.

뭉치 AI

물론이죠! 친구와 볼 만한 몇 편의 애니메이션입니다. <토이 스토리>, <스파이더맨>, <라이온 킹>, <이웃집 토토로>. 취향에 맞는 영화를 선택해서 친구와 행복한 시간을 보내세요!

휘강

<이웃집 토토로>의 줄거리는 뭐야?

뭉치 AI

<이웃집 토토로>는 미야자키 하야오가 감독하고, 스튜디오 지브리가 제작한 애니메이션입니다. 이 애니메이션은 입원한 어머니와 더 가까워지기 위해 아버지와 함께 시골로 이사한 자매 사츠키와 메이를 중심으로 펼쳐집니다. 자매는 새로운 환경에서 '토토로'라고 알려진 사랑스러운 생물체를 만납니다.

휘강

더 짧게 요약해 줘.

뭉치 AI

<이웃집 토토로>는 시골의 삶에 적응하면서 토토로를 만나 친구가 되는 두 어린 자매에 관한 따뜻한 애니메이션입니다.

가짜 뉴스 구별하기

우리는 매일 많은 뉴스를 접하고 있습니다. 이 중 과장하거나 거짓말을 살짝 섞어서 진실인 척하는 가짜 뉴스도 있습니다. 아래 소개하는 열 가지 체크리스트를 통해 가짜 뉴스를 찾아보세요.

1. 언론사의 이름, 기자 이름, 기사 작성일 확인하기

뉴스의 출처를 확인하세요. 언론사의 이름, 기자 이름, 기사 작성일이 모두 기재되어 있더라도 실체가 없는 언론사이거나 실재하지 않는 기자일 수 있으므로 확인이 필요합니다.

2. 누가 쓴 글인지 확인하기

가끔 실체를 알 수 없는 글이 있습니다. 뉴스는 기사를 쓴 사람의 이름이 있으니 확인해 보세요. 또 뉴스에 등장하는 전문가나 기관도 믿을 만한지, 실재하는지 확인해 보세요.

3. 언론사 확인하기

기사 내용이 의심스러울 때는 기사를 쓴 언론사를 확인해 보세요. 요즘에는 유튜브를 통해 나온 뉴스가 많다 보니, 믿을 만한 언론사의 정보인지 확인해 볼 필요가 있습니다.

4. 참고자료의 출처 확인하기

기사에 사용되는 자료(설문 조사, 연구 자료, 참고 사진 등)의 출처가 확실한지 확인해 보세요. 뉴스에 구체적인 사실 정보가 생략됐을 때는 의심해 볼 필요가 있습니다.

5. 기사나 글을 처음 접한 곳 확인하기

요즘은 포털 사이트나 SNS를 통해 뉴스를 접하는 일이 많습니다. 포털 사이트나 SNS는 언론사에서 제공하는 진짜 뉴스를 유사하게 따라 한 가짜 뉴스가 활개치기 좋은 곳입니다. 기사에 오타, 문법에 맞지 않는 문장, 엉성한 논리 등이 없는지 확인해 보세요.

6. 예전에도 본 적 있는지 확인하기

가짜 뉴스는 몇 개월 혹은 몇 년을 주기로 반복적으로 나타납니다. 혹시 예전에 본 적 없는지 확인해 보세요.

7. 공유 수 확인하기

'좋아요'와 같은 기사 외적인 지표들이 정상적인 범위를 넘어선 것 같으면 의심해 볼 필요가 있습니다. 특정 집단이 매크로 등의 프로그램을 사용해서 해당 기사를 확산시키려고 할 수도 있기 때문입니다.

8. 상식적인지 확인하기

공포감이나 혐오감을 부추기는 자극적이고 극단적인 표현이 빈번히 등장한다면, 해당 기사를 읽을 때 주의를 기울이는 것이 좋습니다.

9. 기사가 한쪽 입장만 대변하지 않는지 확인하기

논쟁적인 주제에 관한 기사임에도 불구하고, 특정 집단의 의견만 나온 경우 반드시 가짜 뉴스라고 볼 수는 없으나 뉴스 소비자가 균형 잡힌 시각을 갖는 데는 도움이 되지 않습니다. 이럴 때는 반대 입장을 다루는 뉴스를 확인해 보는 것이 좋습니다.

10. 기사 제목과 내용 확인하기

온라인 플랫폼을 통해 기사를 접하는 경우가 많아 클릭 수를 높이기 위해 자극적인 제목을 사용하는 뉴스가 있습니다. 이런 뉴스들은 제목과 본문의 핵심 내용이 다르거나 맞지 않는 경우가 많습니다. 따라서 기사의 제목만 읽고 내용을 확인하지 않으면 잘못된 정보를 얻을 수 있습니다.

출처: 연세대학교 바른ICT연구소

가짜 뉴스는 왜 나쁠까?

가짜 뉴스는 반드시 사라져야 합니다! 가짜 뉴스는 많은 사람을 속이면서 사회에 혼란을 가져오고 무고한 사람에게 피해를 주기 때문이지요. 우리는 뉴스를 통해 신뢰할 수 있는 정보를 얻어야 하지만, 가짜 뉴스로 인해 진짜 뉴스마저 믿지 못하게 되기도 해요.

가짜 뉴스가 사라진다는 건 너무 꿈같은 이야기입니다. 디지털 매체가 발달하면서 오늘날 누구나 정보를 생산하고 공유할 수 있는 시대에 살고 있습니다. 이때 가짜 뉴스가 생산되는 건 불가피한 일입니다. 게다가 가짜 뉴스를 통해 얻을 수 있는 정보도 있기 때문에 가짜 뉴스가 꼭 나쁘다고만은 볼 수 없습니다!

그게 무슨 소리죠? 가짜 뉴스는 사실과 다른 내용을 담고 있는 뉴스를 뜻한다고요! 거기다 가짜 뉴스가 특정한 그룹이나 사상을 공격하거나 비방하는 내용을 담고 있다면, 거미들 사이에 갈등이 커져 거미 사회에 커다란 분열을 가져올 수 있습니다. 또, 앞서 말한 것처럼 가짜 뉴스로 인해 얻은 정보가 믿을 수 없다는 인식이 높아지면 언론 자체에 대한 신뢰도가 떨어지게 된다고요! 우리 사회가 언론을 믿지 못하게 된다면 어떻게 될까요? 그건 또 다른 사회적 문제를 불러올 수 있습니다.

그렇긴 하지만 사실 확인 없이 무조건 가짜 뉴스를 퍼다 나르는 이들도 문제죠. 뉴스 이용자에게도 책임이 있다는 뜻입니다. 모든 뉴스를 무분별하게 소비하고 비판의식 없이 받아들이는 것이야말로 가짜 뉴스가 확산되는 원인이 된다고요.

그렇지만 뉴스 이용자들이 비판적으로 생각하고 사실을 확인하기 위해서는 먼저 신뢰할 만한 정보를 제공 받는 게 중요하다고 생각합니다. 가짜 뉴스를 만들고 퍼뜨리는 사람들은 그 신뢰를 훼손시키고 있어요. 따라서 우리는 가짜 뉴스를 줄이고 신뢰할 만한 정보를 더 많이 생산해야 한다고 생각합니다!

* 아무 뉴스나 다 믿어도 될까요? 예전에는 전문적인 교육을 받은 언론인이 뉴스를 생산했지만 요즘에는 누구나 SNS와 유튜브를 통해 뉴스를 생산하고 유통할 수 있습니다. 그래서 가짜 뉴스가 빠른 속도로 생산되고 유포될 수 있습니다. 친구들과 함께 이 주제를 통해 진짜 뉴스와 가짜 뉴스를 어떻게 판별해야 할지 고민해 봅시다.

단어 찾기 퍼즐

다음은 '가짜 뉴스'를 판별하는 데 도움이 되는 단어가 숨겨져 있는 퍼즐입니다. 보기를 읽고 그에 해당하는 알맞은 단어를 찾아보세요(가로, 세로, 대각선 모두 가능합니다).

> **보기**
> 1. 사물이나 말 따위가 생기거나 나온 근거.
> 2. 어떤 사실에 대해 참, 거짓을 사실에 비추어 검사하는 일.
> 3. 정확성 확인을 위해 정보의 사실 여부를 확인하는 것.
> 4. 실제로 있었던 일이나 현재에 있는 일.

정답: ① 출처, ② 검증, ③ 팩트체크, ④ 사실

5장

다시 문을 연
팔코미 할머니
수프 가게

침묵하면 세상은 바뀌지 않는다

"타란툴뉴스 건물은 언제 봐도 위협적이군. 쩝."

털보리 국장은 하늘을 향해 높게 솟아 있는 타란툴뉴스 건물을 올려다보며 말했다.

털보리 국장은 벌써 삼십 분째 타란툴뉴스 건물 앞을 서성이고 있었다. 사무실을 나설 때까지만 해도 팔코미 할머니에게 도움이 될 만한 증거를 찾아오겠다며 자신만만했지만, 막상 건물 앞에 도착하자 기세가 꺾여 주저하게 되었다.

그때였다.

"어, 어라? 혹시 실랑이 국장?"

털보리 국장은 타란툴뉴스 건물 앞에서 익숙한 얼굴을 보았다. 그건 바로 실랑이 국장이었다. 그리고 퇴근하기 위해 방송국을 나서던 실랑이 국장 역시 근처를 서성이던 털보리 국장을 알아보았다. 둘은 잠시 아무 말 없이 서로를 바라보았다.

"아하하! 이게 누군가? 우리 타란툴뉴스의 간판 앵커 실랑이 국장 아닌가! 정말 오랜만일세! 그동안 잘 지냈는가? 나야 나, 털보리. 기억하겠나?"

먼저 침묵을 깬 건 털보리 국장이었다. 털보리 국장은 어색한 미소를 지으며 실랑이 국장에게 악수를 청했다.

"오, 오랜만이군. 털보리. 내가 자네를 잊을 리 있나. 그동안 잘 지냈고?"

실랑이 국장 역시 어색하게 털보리 국장의 손을 잡으며 인사했다.

"나야 뭐 늘 똑같지. 자네 뉴스는 잘 보고 있네. 화면발이 잘 받더구먼, 허허."

"실없는 소리는 여전하군. 그나저나 여기는 무슨 일로 왔는가?"

"아, 사실 말이야. 내가 요즘 기획 취재를 하고 있는데 말이지. 그 팔코미…… 아, 아니. 아닐세. 그냥 아는 거미와 약속이 있어서 근처를 지나다가 높은 건물 구경 좀 하고 있었다네. 하하하."

털보리 국장은 팔코미 할머니 이야기를 꺼내려다 급하게 말을 돌렸다. 팔코미 할머니에 대한 팩트 체크 방송을 한 게 실랑이 국장이었으므

로 조심하는 게 좋겠다는 생각에서였다. 하지만 실랑이 국장은 털보리 국장이 취재를 위해 이곳까지 찾아왔다는 걸 단박에 알아차렸다. 그리고 그게 팔코미 할머니에 관한 것일 거라고 추측했다. 실랑이 국장이 아는 한, 털보리 국장은 이런 가짜 뉴스를 그냥 넘어갈 성격이 아니었다.

"혹시 팔코미 할머니에 관한 취재를 하고 있나?"

실랑이 국장은 돌려 말하지 않았다.

실랑이 국장은 촘니 수프에 유리하도록 팩트 체크 방송을 보도한 뒤 내내 마음이 불편했다. 그렇기에 털보리 국장이 이번 사건을 파고들고 있다는 걸 알게 된 이상 모른 척할 수 없었다. 아니 오히려 믿을 만한 기자가 취재하고 있다는 사실이 반가웠다.

"아, 아니 그러니까, 요즘 그 사건이 워낙 떠들썩하지 않은가. 거기다 우리 깡충거미 마을 사건이기도 하고 말이야. 뭐 요즘 8다리일보 기사 읽는 거미가 어디 있겠느냐만은…… 그래도 명색이 하나 남은 신문사인데 가만히 있을 수만은 없잖은가. 껄껄껄."

자신이 왜 여기까지 왔는지를 단박에 알아차린 실랑이 국장이 보기 민망한지 털보리 국장이 괜히 껄껄껄 웃으며 쓸데없는 이야기를 늘어놓았다. 그러자 실랑이 국장이 갑자기 손목에 차고 있던 시계를 풀기 시작했다.

"자네, 이거 기억하는가?"

실랑이 국장은 손목시계를 들어 털보리 국장 눈앞에 내밀었다.

"아, 아니 그건? 내가 자네에게 선물했던 시계가 아닌가? 그걸 여태 가지고 있었나?"

"그렇고말고. 내가 가장 소중하게 생각했던 친구에게 받은 선물을 어떻게 버리겠는가. 그동안 아주 유용하게 잘 썼네. 그런데 이제는 자네에게 돌려줘야 할 거 같군."

실랑이 국장은 털보리 국장에게 손목시계를 돌려주며 말했다.

"실랑이, 이걸 왜 나에게 다시 돌려줘? 이제 우리는 더 이상 친구도 아니라 이 말인가?"

"무슨 그런 서운한 말을! 이 시계가 더욱 가치 있게 쓰일 곳은 내가 아니라 자네라고 생각하기 때문일세. 여기, 받으시게."

"그, 그게 다 무슨 소리야? 나야말로 다 쓰러져 가는 신문사 국장일 뿐일세. 나한테 이 시계가 뭐가 필요하다고…… 근데 그새 많이 낡긴 했군."

"낡긴 했어도 아직 성능은 좋다네!"

"서, 성능? 자네 호, 혹시?"

실랑이 국장의 말에 털보리 국장은 뭔가를 눈치챘다. 실랑이 국장은 한쪽 눈을 찡긋거리며 손목시계를 털보리 국장 손에 꼭 쥐어 주었다.

한편, 휘강이는 촘니 수프에 위장 취업을 했다. 매일 휘강이는 팔코

 미 할머니의 누명을 벗겨 줄 단서를 찾기 위해 눈에 불을 켜고 촘촘히 사장의 일거수일투족을 살폈다. 하지만 넘쳐나는 주문량에 휘강이는 허리가 휘도록 일만 하기에도 빠듯했다. 그러던 어느 날, 촘촘니 사장은 새 수프를 개발해야겠다며 생성형 AI 이야기를 꺼냈다.

 "생성형 AI요? 그거랑 수프가 무슨 상관이에요, 사장님?"

 "우리 촘니 수프 인기 메뉴들을 만드는 데, 생성형 AI의 도움을 톡톡히 받았다고! 요즘처럼 장사가 한창 잘될 때 새 메뉴를 한두 개씩 추가해야, 발전하는 업체 이미지를 만들 수 있다, 이 말이지."

 "아하! 그런데 생성형 AI를 어떻게 이용하는데요?"

"내가 손수 보여 주지. 자 여기 잘 봐. 이게 바로 생성형 AI 중 하나인 챗GPT라는 대화형 인공 지능이야. 여기에 새로운 수프를 만들려고 하니까, 개발에 도움을 달라고 요청하면 되지. 지금까지 우리 가게에는 해산물을 사용한 수프가 없었으니, 이번에는 해산물을 넣어 만들 수 있는 요리법을 알려 달라고…….."

그때였다. 촘촘니 사장이 챗GPT 화면을 보여 주며 새로운 수프 만드는 방법을 추천받는 과정에 대해 설명하는 중에, 의심스러운 글귀가 휘강이의 눈에 들어왔다. 그것은 바로 화면 왼쪽에 기록되어 있는 챗GPT와 촘촘니 사장의 이전 대화 내용이었다. 그리고 거기에는 '가짜 뉴스 만드는 법', '뉴스 기사 작성', '한쪽에게 유리한 기사' 등이 적혀 있었다.

'혹, 혹시 촘촘니 사장이 팔코미 할머니에 대한 가짜 뉴스도 이런 식으로 생성형 AI의 도움을 받아 작성한 걸까? 그게 맞다면 저 대화 기록이 결정적인 증거가 될 수 있겠어!'

휘강이는 심장이 세차게 뛰었다. 반면 촘촘니 사장은 화면에 버젓이 기록되어 있는 이전 대화 기록은 미처 신경 쓰지 못했다. 그저 새로운 메뉴로 선보일 해산물 수프가 궁금할 뿐이었다. 촘촘니 사장은 챗GPT에게 해산물 수프에 대한 요리법을 질문하느라 정신이 없었다. 휘강이는 무슨 수를 써서라도 촘촘니 사장이 챗GPT와 나눈 가짜 뉴스 관련 대화 기록을 살펴봐야겠다고 생각했다.

"지, 진짜 신기하네요! 사장님은 어쩜 챗GPT한테 요리법 추천을 받을 생각을 하셨어요? 평소에 잘 이용하세요?"

"그렇고말고! 내가 요즘 생성형 AI의 도움을 톡톡히 받고 있지. 그 가짜 뉴스를 만들 때도……. 아, 아니! 전에 다른 메뉴 만들 때도 그랬고 말이야."

"가짜 뉴스요?"

"가, 가짜 뉴스? 그게 무슨 헛소리야. 아이고, 불 위에 수프 올려놓은 걸 깜빡했구먼! 주방에 좀 다녀올 테니 여기 새로 추천받은 요리법 좀 종이에 옮겨 적어 주렴."

자기도 모르게 가짜 뉴스 이야기를 꺼낸 촘촘니 사장은 휘강이가 되묻자 화들짝 놀라 황급히 주방으로 갔다. 휘강이는 촘촘니 사장의 말실수에 확신이 생겼다. 휘강이는 촘촘니 사장이 주방으로 사라지자 얼른 챗GPT와 촘촘니 사장이 나누었던 가짜 뉴스 관련한 대화 기록을 클릭해 살펴보았다.

"세, 세상에!"

그곳에는 촘촘니 사장이 챗GPT에게 주문한 가짜 뉴스가 다양한 버전으로 만들어져 있었다.

휘강이는 얼른 스마트폰을 꺼내 모니터에 대고 사진을 찍기 시작했다. 혹시 몰라 동영상으로도 촬영을 하고 모니터 속 화면을 캡처해 자신의 이메일로 보냈다. 행여나 촘촘니 사장이 주방에서 나올까 봐 휘강이는 재빨리 움직였다. 그러나 손이 부들부들 떨리는 건 어쩔 수가 없었다. 그때였다. 저 멀리서 촘촘니 사장의 목소리가 들렸다.

"휘강아! 요리법 다 적었니?"

"아, 네! 거, 거의 다 적었어요!"

"뭐 이리 시간이 걸려? 얼른 다 적어서 이리로 가지고 오렴."

"네, 네! 금방 가요!"

휘강이는 촘촘니 사장이 눈치채지 못하게 얼른 이전 화면으로 돌려놓고 수첩에 요리법을 받아 적기 시작했다. 촘촘니 사장이 팔코미 할머니에 대한 가짜 뉴스를 퍼뜨린 장본인이라는 걸 알게 되자 휘강이는 속이 부글부글 끓어올랐다.

진실을 밝힐 용기

그날 저녁, 아르바이트를 마친 휘강이는 바로 털보리 국장을 찾아갔다. 그리고 자신이 찾은 증거를 하나하나 보여 주며 가짜 뉴스의 근원지가 촘촘니 사장이 확실하다고 말했다.

"이것 보세요. 가짜 뉴스를 어쩜 그렇게 교묘하게 잘 썼나 했더니 생성형 AI를 이용한 거였더라고요! 기사 제목부터 내용까지 팔코미 할머니에게 불리하게 쓰도록 요구한 거 있죠."

휘강이는 흥분해서 소리쳤다. 털보리 국장은 휘강이가 가져온 증거를 하나씩 살펴보았다.

"정말 대단하군요, 휘강 학생. 침착하게 증거를 잘 수집해 왔어요."

"국장님은 뭐 좀 찾으셨어요?"

휘강이의 물음에 털보리 국장은 씩 웃으며 대답했다.

"나는 오랜 친구로부터 선물을 하나 받았습니다."

"선물이요? 뜬금없이 그게 무슨 말씀이세요?"

그때였다. 털보리 국장이 AI 스피커 실비아를 불렀다.

"실비아, 녹음 파일 재생해 줘."

"네. 지금 재생할게요."

휘강이는 어리둥절해서 고개를 갸우뚱했다. 그때였다. 스피커에서 촘촘니 사장의 목소리가 들려왔다.

"타란툴뉴스에 저희 촘니 수프 광고를 크게 내고 싶습니다."

"예, 뭐 어려운 일은 아닙니다만 현재 광고 편성표를 살펴보니 8시 뉴스 전과 인기 예능 프로그램 뒤쪽 정도만 자리가 빌 것 같네요. 아시다시피 이때는 광고 단가가 좀 높은 편입니다."

"돈은 얼마든 상관없습니다. 대신 조건이 한 가지 있습니다."

"지금 인터넷에 난리가 난 그 사건 있잖습니까? 그 사건에 대해 팩트 체크 방송을 해 주길 원합니다. 대신, 저희 촘니 수프에 유리하도록 말이죠."

"지금 저더러 가짜 뉴스를 만들라는 말인가요?"

"이미 타란툴뉴스 경영진 분들과는 이야기가 되었습니다. 엊그제 함께 식사하면서 촘니 수프 광고 건에 대해 협의했지요. 다만 실랑이 국장님이 워낙 올곧은 분이라 직접 설득을 해 보라고 하시길래 오늘 이렇게 찾아온 겁니다."

휘강이의 눈이 휘둥그레졌다.

"세상에! 그, 그러니까 촘촘니 사장이 타란툴뉴스 경영진을 돈으로 매수해서 팩트 체크 방송을 본인에게 유리한 쪽으로 내보내게 한 건가요? 이거 정말 특종인데요? 국장님, 이 녹음 파일 어디서 나셨어요?"

흥분해서 날뛰는 휘강이를 보며 털보리 국장은 멋쩍은 듯 웃었다.

휘강이가 오기 전, 털보리 국장은 사무실에 돌아오자마자 실랑이 국장에게 받은 손목시계를 분해했다. 낡긴 했어도 성능은 여전히 좋다던 실랑이 국장 말에서 뭔가 힌트를 얻었기 때문이었다. 시계 뒤판을 열자, 그 안에는 아주 작은 칩이 숨어 있었다. 시계의 녹음 기능을 활성화하면 녹음 파일이 저장되는 곳이었다. 털보리 국장은 AI 스피커에 칩을 꽂고 녹음 파일을 확인했다. 그리고 그 파일 속에는 촘촘니 사장과 실랑이 국장이 나눈 대화가 고스란히 기록되어 있었다.

"국장님! 우리 빨리 세상에 이 사실을 알려요! 저희 SNS 켜고 라이브 방송이라도 할까요? 아니면 이 녹음 파일이라도 인터넷에 올려요!"

신이 난 휘강이가 이것저것 제안하자 털보리 국장은 조용히 고개를 저으며 말했다.

"우리는 기사로 승부합시다. 오늘 두 번째 기획 기사를 쓰면 되겠어요. 자극적인 기사 제목을 달거나 팔코니 할머니의 속사정을 구구절절 설명하지 않아도, 취재를 통해 얼마든지 객관적인 증거를 확보하고 사실만을 전달할 수 있다는 걸 보여 줍시다. 그렇게 언론으로서 마지막까지 최선을 다해 봅시다."

"좋아요! 정말 멋져요, 국장님!"

털보리 국장은 컴퓨터 앞에 앉아 기획 기사 2탄을 써 내려가기 시작했다.

다음 날, 깡충거미 마을은 또 한번 충격에 휩싸였다. 8다리일보 홈페이지와 SNS 계정에 올라온 털보리 국장의 기획 기사 때문이었다. 인터넷과 각종 SNS는 8다리일보의 기획 기사로 도배되었고, 촘촘니 사장의 가짜 뉴스 제작 내용을 담은 화면 캡처본과 실랑이 앵커로부터 받은 녹취록 또한 일파만파 퍼지며 국민 거미의 공분을 샀다. 그동안 진짜라고 믿었던 팔코미 할머니에 관한 소문이 모두 촘촘니 사장이 불순한 의도로 만든 가짜 뉴스였다는 사실이 낱낱이 밝혀졌다.

충격을 받은 건 털보리 국장도 마찬가지였다. 자신이 쓴 기사가 이렇게나 파급력이 있을 것이라 상상치 못했기 때문이었다. 이제는 더 이상 그 누구도 8다리일보 기사를 읽지 않는다고 생각했다. 그래서 기획 기사가 나가더라도 팔코미 할머니가 누명을 벗는 데는 시간이 걸릴 거라 여겼다. 하지만 실상은 그렇지 않았다. 깡충거미 마을 거미들은 그 누구보다도 8다리일보의 부활을 기다려 왔다. 인터넷만 열면 금세 알 수 있는 날씨 상황이나 교통 정보 말고, 과거 8다리일보가 매일같이 보도하던 정의로운 기사를 간절히 바라왔던 거다.

휘강이는 털보리 국장이 쓴 기획 기사에 달린 댓글을 하나씩 소리 내어 읽었다.

    ㄴ 🟡 **특종조아** 8다리일보 아직 안 죽었네. 이번에 특종 제대로 터트린 듯!

    ㄴ 🟡 **뉴스타파** 정황만 가지고 의혹 제기만 죽어라 하던 다른 언론사들 반성해라. 봤냐? 이게 기사다!

ㄴ 🗨️ **진실찾아** 팔코미 할머니 집 앞에서 죽치고 있던 기자들이랑 유튜버들 이번엔 참나 수프로 다 몰려갔다던데. 이미 8다리일보가 팩트 체크 다 해 줬는데 지금 와서 거긴 왜 감?

ㄴ 🗨️ **맛집요미** 8다리일보 제발 망하지 말고 언제나 깡충거미 마을을 위해 일해 주세요. 역시 진정한 언론사!

"크흐. 국장님, 댓글 대박이죠?"

"허허, 쑥스럽게 뭘 그걸 소리 내어 읽고 그럽니까. 어쨌든 휘강 학생에게도 고맙습니다. 휘강 학생이 돕지 않았다면 혼자서 절대 해낼 수 없었을 거예요."

"에이 뭘요. 이렇게 마지막에 '휘강 시민 기자' 하고 제 이름까지 넣어 주셨는데 제가 뭘 더 바라겠습니까! 스스로가 너무 자랑스러워요. 그나저나 조금 있다가 실랑이 앵커가 라이브 방송을 한다던데요. 이번 사건 관련해서 뭔가 이야기하겠죠?"

휘강이의 말을 들은 털보리 국장은 내심 걱정이 됐다. 자신에게 시계를 건네줄 때부터 실랑이 국장이 뭔가를 결심했을 거란 걸 예상하지 못했던 것은 아니었다. 하지만 라이브 방송을 통해 또 무슨 이야기를 하려는 건지 의중을 알 수 없었다.

"어! 시작해요, 국장님!"

휘강이는 스마트폰으로 실랑이 국장의 SNS에 들어가 라이브 방송에 참여했다. 실랑이 국장은 카메라를 응시하며 담담한 목소리로 이야기를 시작했다.

"저는 타란툴뉴스의 앵커이자 기자인 실랑이입니다. 오늘은 국민 거미 분들께 사과의 말을 전합니다. 저는 오늘부로 타란툴뉴스 국장 자리에서 내려오겠습니다. 8다리일보에서 공개한 녹취록 속 목소리는 제가 맞습니다. 저는 팔코미 할머니 수프에 관한 소문이 가짜라는 사실을 알면서도 상부의 압박을 이기지 못하고 경쟁 업체인 촘니 수프에 유리하도록 방송을 내보냈습니다. 기자로서 절대 해서는 안 되는 일을 저질렀고 이로 인해 팔코미 할머니에게 씻지 못할 상처와 피해를 드리게 되었습니다. 저는 이번 일에 대해 전적으로 잘못을 인정하는 바이며, 모든 것을 책임지는 의미로 국장 자리에서는 물론 타란툴뉴스에서도 떠나겠습니다."

"헉? 들으셨어요, 국장님?"

라이브 방송을 보던 휘강이가 털보리 국장을 보며 물었다.

"과연 실랑이 국장다운 결정이로구먼."

털보리 국장은 놀랄 일도 아니라는 듯 말했다.

"무, 물론 그런 방송을 내보낸 건 잘못한 거지만…… 아니? 그럼 촘촘니 사장은요? 촘촘니 사장도 처벌 받겠죠?"

"글쎄, 팔코미 할머니가 촘촘니 사장을 직접 고소하거나 경찰에 신고

한 게 아니기 때문에 가짜 뉴스를 만들어 유포했다는 이유만으로 처벌할 수는 없을 거야."

"네? 정말요?"

휘강이는 제 귀를 의심했다. 털보리 국장 말이 맞았다. 촘촘니 사장을 처벌할 수 있는 관련 법이나 기관이 거미 세계에는 아직 존재하지 않았다.

촘촘니 사장은 그저 촘니 수프 불매 운동을 벌이는 국민 거미들 등쌀에 못 이겨 가게를 폐업하고 쫓기듯 타란툴라 마을을 떠났을 뿐이었다. 타란툴뉴스 역시 가짜 뉴스에 힘을 실어 주는 편파적인 방송을 내보낸

것에 대해 방송통신위원회로부터 경고를 받고 회사 홈페이지에서 조용히 영상을 삭제했다.

휘강이는 그동안 팔코미 할머니가 막대한 정신적, 물질적 피해를 입은 것과는 달리 가짜 뉴스를 만들고 상황을 부추긴 이들이 제대로 된 처벌을 받지 않는다는 사실에 무척 화가 났다. 그래도 당장 학생인 휘강이가 할 수 있는 일은 없었다. 털보리 국장은 그런 휘강이를 위로했다.

"휘강 학생이 팔코미 할머니를 위해서 얼마나 노력했는지 잘 압니다. 촘촘니 사장으로부터 결정적인 증거를 찾은 것도 휘강 학생이었잖아요?"

"그러면 뭘 해요. 촘촘니 사장은 팔코미 할머니에게 사과 한마디 없이 야반도주했잖아요. 휴, 앞으로라도 같은 문제가 발생하지 않게 우리가 할 수 있는 일이 뭐 없을까요? 혹시 이건 어떨까요? 8다리일보에서 '팩트 체크 시민 기자단'을 출범하는 거예요."

"오? 그거 좋은 생각인데요? 휘강 학생이 제1기 팩트 체크 시민 기자가 되면 되겠군요!"

"앗? 제가요?"

털보리 국장의 제안에 휘강이는 머쓱해하며 웃었다. 그러나 꽤 기분 좋은 제안이었다.

한편, 깡충거미 마을 산꼭대기에서는 반가운 굴뚝 연기가 다시 뭉게

뭉게 피어나기 시작했다. 집으로 돌아온 팔코미 할머니가 전처럼 어린 거미들을 위해 목욕물을 끓이고 수프를 만들어서였다.

휘강이는 오랜만에 팔코니 할머니 가게를 찾아 수프 한 그릇을 포장했다. 그리고 수프를 들고 신나게 산 밑으로 내려갔다. 오늘도 깡충거미 마을에 단 하나 남은 마지막 신문사 8다리일보를 홀로 지키고 있을 털보리 국장에게 맛있는 한 끼를 배달하기 위해서 말이다.

생성형 AI가 만든 가짜 뉴스

2023년 5월, '펜타곤(미국 국방부)'의 옆 건물에서 검은 연기가 치솟는 사진이 SNS로 빠르게 퍼졌습니다. 한 나라의 안전을 담당하는 국방부가 폭발했다는 소식에 미국 국민은 물론 전 세계 사람들이 놀랐습니다. 그런데 얼마 후 이 사진이 AI로 만든 가짜 사진이라는 사실이 밝혀졌습니다.

예전에는 가짜 사진에서 문제점을 금방 찾을 수 있었지만 이제는 생성형 AI 기술로 허점을 찾기가 쉽지 않습니다. 누구나 AI로 가짜 이미지나 동영상을 손쉽게 만들 수 있습니다. 그래서 특정인의 조작된 이미지나 음성으로 다른 사람을 공격할 수 있습니다.

이러한 문제를 해결하기 위해 구글, 메타, 마이크로소프트 등 AI 기업들은 AI가 만든 결과물에 대해 AI가 만들었다는 워터마크를 새기는 방안을 내놓았습니다. 현재 우리나라 정부도 AI 기술이 초래할 수 있는 부작용과 저작권 보호를 위해 AI 생성물에 워터마크를 도입하려고 추진 중입니다.

출처: 트위터(Whalechart)

미디어 리터러시의 중요성

미디어 리터러시는 미디어와 리터러시의 합성어입니다. 리터러시란 '읽기, 쓰기, 듣기, 말하기'와 같은 텍스트 중심의 '문해력' 교육을 지칭하며, 문자화된 기록물을 통해 지식과 정보를 획득하고 이해할 수 있는 능력을 말합니다. 여기서 미디어는 신문, 방송, 인터넷, 유튜브 등 모든 미디어를 말합니다.

하지만 미디어 리터러시는 단순히 읽고 정보를 얻는 데서 그치지 않습니다. 유튜브를 보는 능력, 스마트폰을 조작하는 능력은 물론 미디어가 전하는 메시지를 해석하고, 비판적으로 수용할 수 있어야 합니다. 왜냐하면 우리는 매일 다양한 미디어를 접하고 있고, 이때 미디어를 제대로 해석할 능력이 없다면 다른 사람과 소통하는 과정에서 문제가 생길 수 있기 때문입니다. 또 미디어에 대한 이해 없이 가짜 뉴스를 접할 경우 자신도 모르는 사이에 가짜 뉴스를 생산할 수도 있습니다.

요즘 아이들은 스마트 기기로 영상, 글, 이미지, 하이퍼 링크 등을 활용해 자신을 표현하고, 다양한 플랫폼에서 자신과 같은 흥미를 가진 사람과 커뮤니티를 형성하며 정보를 공유하고 살아갑니다. 그런 만큼 미디어를 통해 올바른 정보를 습득하고 생산할 수 있는 능력을 키워야 합니다.

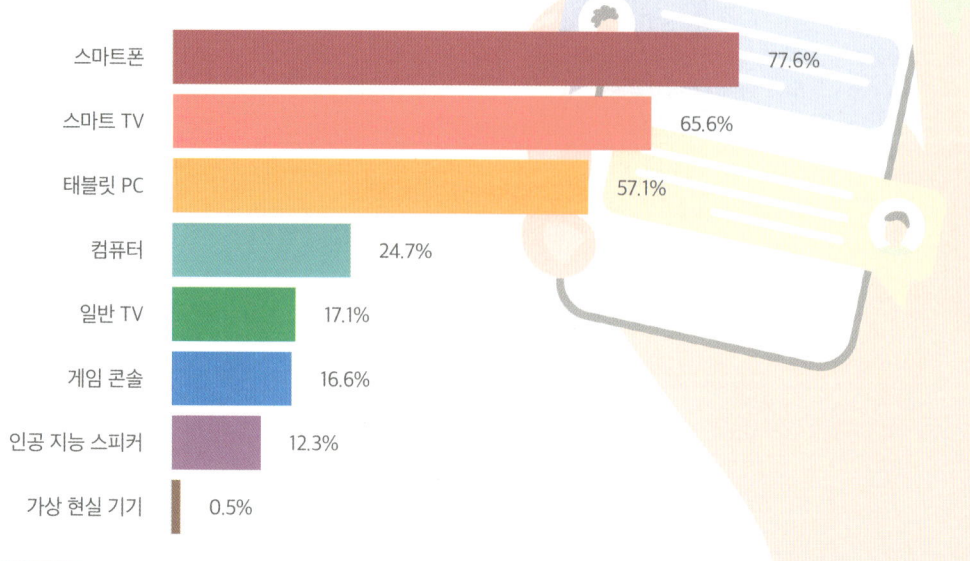

미디어 기기별 이용률

- 스마트폰 77.6%
- 스마트 TV 65.6%
- 태블릿 PC 57.1%
- 컴퓨터 24.7%
- 일반 TV 17.1%
- 게임 콘솔 16.6%
- 인공 지능 스피커 12.3%
- 가상 현실 기기 0.5%

미디어 기기별 하루 평균 이용 시간

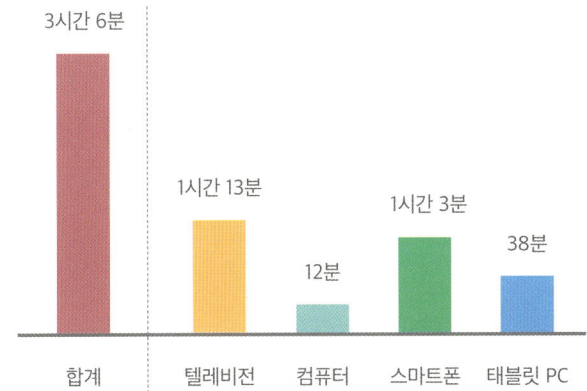

합계	텔레비전	컴퓨터	스마트폰	태블릿 PC
3시간 6분	1시간 13분	12분	1시간 3분	38분

어린이가 좋아하는 서비스들

온라인 동영상 플랫폼

 유튜브 97.5%　　 틱톡 14.5%　　 네이버TV 3.0%

메신저 서비스

 카카오톡 95.6%　　 인스타그램 다이렉트 메시지 20.0%　　 페이스북 메시지 2.3%

인터넷 포털

 네이버 85.7%　　 구글 34.4%　　다음 7.1%

소셜 네트워크 서비스

 인스타그램 86.2%　　 밴드 16.6%　　 페이스북 16.5%

출처: 《2023 어린이 미디어 이용 조사》, 한국언론진흥재단

가짜 뉴스를 없애기 위해서 모든 뉴스를 단속하는 것은 옳은 일일까?

이번 사건을 계기로 거미 세계에서 생산·배포되는 모든 뉴스를 단속하는 기관을 만듭시다! 그렇지 않으면 지금처럼 가짜 뉴스가 계속해서 만들어질 거예요!

뉴스를 단속한다는 것은 어불성설입니다! 만약 뉴스를 단속하는 기관이 모든 보도를 검열한다면 언론이 자유롭게 자신의 의견을 표현할 수 있을까요? 예를 들어, 정부나 기업 등 힘을 가진 자들이 자신들에게 불리한 뉴스를 미리 확인할 수 있다면 그게 그대로 보도될 수 있겠습니까? 언론은 결국 권력자에 의해 조종당할 수밖에 없다고요. 언론의 자유와 독립성은 언제나 보장되어야 합니다!

흠, 그렇네요. 그런데 언론의 자유와 독립성을 보장한다는 게 정확히 무슨 뜻인가요?

언론의 자유란, 언론이 독립적으로 정보를 수집하고 보도할 수 있는 권리를 말합니다. 독립성은 언론이 정치적인 간섭이나 경제적인 압력에서 자유로워야 한다는 것을 의미하고요. 언론이 권력자에 휘둘린다면 세상에는 편향된 정보만 있을 겁니다! 그동안 타란툴뉴스가 줄곧 정부와 기업에게 유리한 뉴스만을 보도해 온 것처럼요!

하지만 뉴스를 감시하는 기관이 없다면 가짜 뉴스를 어떻게 막을 수 있겠습니까? 처벌은 또 어떻게 하고요?

결국 뉴스를 이용하는 우리 스스로가 매체와 뉴스를 올바르게 소비하는 능력을 키우는 수밖에 없습니다. 가짜 뉴스를 유포한 자들을 법적으로 처벌하는 제도를 강화하는 것도 물론 중요하겠지요. 그러나 동시에 우리 역시, 가짜 뉴스가 의심될 때는 출처를 확인하고 사실 확인이 이루어지기 전에 섣불리 남과 공유하지 않는 등 가짜 뉴스 확산을 막기 위해 노력하는 자세가 필요합니다.

* 가짜 뉴스의 제작과 유포는 국민의 알 권리를 침해하고, 나아가 관련 인물이나 업체의 명예를 훼손할 수 있습니다. 분명 불법적 행위가 있을 때에는 관련법에 의해 처벌받아야 합니다. 그렇다고 해서 정부가 가짜 뉴스를 단속하고 처벌하기 위해 언론의 자유를 침해하고 검열하는 것이 옳은 일일까요? 여러분은 가짜 뉴스 규제에 대해 찬성인가요? 반대인가요?

5장 다시 문을 연 팔코미 할머니 수프 가게

선 잇기 퀴즈

미디어 리터러시에 관한 질문입니다. 질문에 알맞은 답을 찾아 연결해 보세요.

① 미디어 리터러시를 향상시키기 위해 할 수 있는 활동은 무엇인가요?

ㄱ. 인터넷에서 정보를 찾을 때

② 미디어 리터러시란 무엇을 의미하나요?

ㄴ. 미디어를 이해하고 해석할 수 있는 능력

③ 어떤 상황에서 미디어 리터러시가 유용한가요?

ㄷ. 다양한 뉴스 사이트에서 동일한 기사를 비교하여 읽기

④ 가짜 뉴스를 식별하는 데 도움이 되는 미디어 리터러시의 요소는 무엇인가요?

ㄹ. 사실 확인과 검증

정답: ①-ㄷ, ②-ㄴ, ③-ㄱ, ④-ㄹ

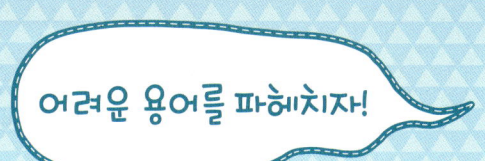
어려운 용어를 파헤치자!

건재 힘이나 능력이 줄어들지 않고 여전히 그대로 있는 것.

권모술수 목적 달성을 위하여 수단과 방법을 가리지 아니하는 온갖 모략이나 술책.

매수하다 금품이나 그 밖의 수단으로 남의 마음을 사서 자기편으로 만드는 것.

무용지물 아무런 가치나 의미가 없는 것.

사명감 자기 일이나 책임에 대한 의무감이나 책임감.

사재기 물건값이 오를 것을 예상하고 물건을 필요 이상으로 많이 사두는 것.

신원 이름이나 주민등록번호 등을 통해 어떤 사람의 정체나 출처를 알 수 있는 정보.

앵커 뉴스나 방송에서 주요한 소식을 전하는 사람.

억측 사실이 아닌 상상이나 추측.

영생 영원한 생명. 또는 영원히 삶.

오명 부정한 평판이나 부정적인 평가.

잠복 드러나지 않게 숨음. 경찰이나 기자가 사건을 해결하기 위해 몰래 숨어 있는 모습.

특종 매우 중요하고 긴급한 소식.

패기 어려운 일에 도전하고자 하는 용기와 열정.

현혹 정신을 빼앗겨 하여야 할 바를 잊어버리는 것.

> 알아 두면 좋은
> 미디어 리터러시 교육 관련 사이트

한국미디어교육진흥원 www.kimeco.kr

한국미디어교육진흥원은 미디어 리터러시와 관련한 다양한 미디어 교육 자료와 콘텐츠를 제공합니다. 초등학생들을 위한 교육 자료와 게임을 제공하여 미디어에 대한 올바른 이해와 온라인 안전에 대한 인식을 높이는 데 도움을 줍니다.

미리네 www.miline.or.kr

한국미디어교육진흥원에서 운영하는 곳으로, 교육 현장에서 미디어 교육을 실천하고자 하는 교사들을 위해 다양한 교육 자료와 콘텐츠를 제공합니다. 또한 학생들을 위한 다양한 미디어 교육 게임과 활동 아이디어를 제공하여 학생들의 참여와 흥미를 유발하고 미디어 리터러시를 증진합니다.

디지털윤리 www.디지털윤리.kr

한국인터넷진흥원(KISA)에서 운영하는 곳으로, 디지털 환경에서의 올바른 인터넷 사용과 디지털 윤리에 대한 교육을 제공합니다. 온라인 안전, 사이버 괴롭힘 예방, 개인 정보 보호 등에 대한 정보와 교육 자료를 제공하여 사용자들이 인터넷을 안전하게 이용할 수 있도록 돕고 있습니다.

신나는 토론을 위한 맞춤 가이드

『생성형 AI가 만드는 가짜 뉴스』를 통해 미디어란 무엇인지, 가짜 뉴스는 어떻게 생겨나는지, 진짜 뉴스와 가짜 뉴스를 어떻게 구별하는지 잘 이해했나요? 이제 마지막 단계인 토론을 잘하려면 올바른 지식과 다양한 정보가 뒷받침되어야 해요. 책을 다 읽고 친구 또는 부모님과 신나게 토론해 봐요!

잠깐! 토론과 토의는 뭐가 다르지?

토론과 토의는 모두 어떤 문제를 해결하기 위해 의견을 나누는 일입니다. 하지만 주제와 형식이 조금씩 달라요. 토의는 여러 사람의 다양한 의견을 한데 모아 협동하는 일이, 토론은 논리적인 근거로 상대방을 설득하는 일이 중요합니다. 토의는 누군가를 설득하거나 이겨야 하는 것이 아니기 때문에 서로 협력해서 생각의 폭을 넓히고 좋은 결정을 내릴 때 필요해요. 반면 토론은 한 문제를 놓고 찬성과 반대로 나뉘어 서로 대립하는 과정을 거치지요. 넓은 의미에서 토론은 토의까지 포함하는 경우가 많습니다. 토론과 토의 모두 논리적으로 생각 체계를 세우고, 사고력과 창의성을 높이는 데 도움을 준답니다.

토론의 올바른 자세

말하는 사람
1. 자신의 말이 잘 전달되도록 또박또박 말해요.
2. 바닥이나 책상을 보지 말고 앞을 보고 말해요.
3. 상대방이 자신의 주장과 달라도 존중해 주어요.
4. 주어진 시간에만 말을 해요.
5. 할 말을 미리 간단히 적어 두면 좋아요.

듣는 사람
1. 상대방에게 집중하면서 어떤 말을 하는지 열심히 들어요.
2. 비스듬히 앉지 말고 단정한 자세를 해요.
3. 상대방이 말하는 중간에 끼어들지 않아요.
4. 다른 사람과 떠들거나 딴짓을 하지 않아요.
5. 상대방의 말을 적으며 자기 생각과 비교해 봐요.

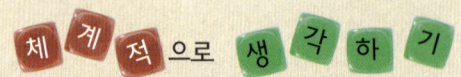

AI로 작성한 기사가 문제가 될까?

네이버 뉴스가 AI를 이용해 작성한 기사에 대해 안내하겠다고 발표했습니다. 이로써 뉴스 이용자들은 자신이 읽는 기사가 기자에 의해 작성됐는지 아니면 AI가 작성한 기사인지를 알 수 있게 되었습니다. 다음 기사를 읽고 아래 질문에 관해 자기 의견을 적어 보세요.

"이 기사는 AI 생성 기사입니다" 네이버, 뉴스에 공지 시작
이달 중 선거 관련 허위 댓글 신고 센터 영역 신설 예정

네이버 뉴스가 오는 4월 10일에 치러지는 제22대 국회의원 총선거에 대한 본격적인 준비에 착수했다. 네이버는 1일부터 생성형 인공 지능(AI)을 활용해 작성된 기사에 대해 본문 상단에 관련 내용을 공지하기 시작했다.
구체적으로 언론사가 자동 로직으로 생성·전송한 기사 본문 상단과 하단에 "이 기사는 해당 언론사의 자동 생성 알고리즘을 통해 작성되었습니다"라는 문구가 노출된다. 생성형 AI의 본격적인 활용에 따라 뉴스 이용자의 혼란을 방지하기 위해 AI와 로봇이 자동으로 작성한 기사를 명확히 안내하는 차원이다.
아울러 네이버는 이달 중 이용자가 직접 선거 관련 허위 정보 뉴스 댓글을 신고할 수 있는 기능을 적용하고, 별도의 신고 센터 영역을 신설해 선거관리위원회 채널로 이동할 수 있도록 연결할 예정이다.
또 뉴스 댓글 이외에도 카페, 블로그 등 네이버 서비스 전반의 허위 댓글을 막기 위해 해당 업데이트를 동일하게 적용할 계획이다.
선거 기간 이후에도 기사 형태의 허위 게시물 신고에 대한 'KISO(한국인터넷자율정책기구) 가짜 뉴스 신고 센터 채널' 안내도 함께 추가한다.
이 밖에 네이버는 뉴스 댓글 외 선거 기간 다른 서비스 영역에서의 생성형 AI 기반 가짜 정보 생성과 유통, 딥페이크(Deepfake·AI로 만든 영상 및 이미지 조작물) 영상에 대한 대응도 마련할 방침이다.

<연합뉴스> 기사, 2024. 2. 1.

1. 네이버 뉴스는 어떠한 이유로 뉴스 이용자들에게 AI가 작성한 기사를 따로 안내하기로 했나요? AI 작성 기사에 대한 안내가 필요한 이유는 무엇인가요?

2. 네이버 뉴스가 AI 기사에 대한 안내를 시작함으로써 사회적으로 어떤 영향을 미칠까요? 이러한 AI 기사 안내가 뉴스 이용자들과 미디어 산업 전반에 어떠한 변화를 불러올지 생각해 보고, 이에 대한 윤리적인 고려 사항은 무엇인지 적어 보세요.

3. 네이버 뉴스가 AI 기사에 대한 안내뿐만 아니라 선거 관련 허위 정보 대응을 위한 추가 기능을 적용할 예정이라고 밝혔습니다. 이러한 조치들은 가짜 정보와 AI 기사가 우리 사회에 미치는 부정적인 영향을 줄이는 데 도움이 될 수 있을까요? 그렇다면, 혹은 아니라고 생각한다면 그 이유를 적어 보세요.

논리적으로 생각하기 1
뉴스 추천 알고리즘, 좋은 걸까?

온라인으로 뉴스 기사를 읽을 때도 알고리즘이 적용된다는 사실, 알고 계신가요? SNS 플랫폼을 이용할 때는 물론이고, 네이버와 같은 포털 사이트를 이용할 때 역시 뉴스 이용자의 뉴스 기사 소비 내역을 토대로 개인에게 맞는 뉴스가 선별되어 제공된답니다. 그렇다면 이러한 뉴스 추천 시스템 즉, 뉴스 알고리즘이 갖는 문제점은 무엇이 있을까요? 다음 기사를 읽고 뉴스 알고리즘에 대한 자기 의견을 적어 보세요.

인수위 "네이버·카카오 뉴스 알고리즘 검증해 공개…아웃 링크 단계적 추진"

대통령직 인수위원회가 2일 네이버·카카오(다음) 등 대형 포털의 뉴스 서비스에 대한 투명성·신뢰성 제고 방안을 발표했다. 인수위 과학·기술·교육 분과 간사인 박성중 의원은 이날 브리핑에서 "지난해 네이버·카카오의 하루 평균 이용자 수가 8082만 명에 달한다"며 "포털은 언론사를 취사선택하고 뉴스 배열 등 사실상 편집권을 행사하며 '언론 위의 언론'으로 군림하는 막강한 권력이 됐다"고 말했다.

인수위는 '가짜 뉴스'의 포털 내 확산 방지를 첫 번째 과제로 꼽았다. 이를 위해 뉴스 배열을 자동 결정한다는 '뉴스 알고리즘'의 외부 공개를 새 정부 출범 후 추진할 방침이다. 박 의원은 "알고리즘이 중립성을 담보하는 것처럼 보이지만 어쩌면 더 위험한 결과를 초래할 수도 있다"며 "잘못된 정보가 알고리즘을 통해 여과 없이 그대로 포털에 유통되는 것이 가짜 뉴스의 확산"이라고 말했다. 그는 "지난 4년 동안 국회 과학기술정보방송통신위원회에서 활동했지만 '알고리즘 열람이라도 하자'고 하면 (포털들이) 그것도 못하겠다고 한다"고도 덧붙였다.

인수위는 전문가 중심의 '알고리즘 투명성위원회'(가칭)를 법적 기구로 설치하는 방안을 검토 중이다. 박 의원은 "네이버와 카카오를 표적 삼고 제재할 마음은 추호도 없다"면서 "정권과 관계없이 중립적이고 전문성을 갖춘 인사들이 위원회에 들어가 검증하도록 권한을 주는 게 맞다"고 말했다.

<중앙일보> 기사, 2022. 5. 3.

1. 뉴스 이용자를 위한 맞춤 뉴스 추천 시스템이 뉴스 소비에 미치는 영향은 무엇일까요? 뉴스 추천 시스템(뉴스 추천 알고리즘)이 갖는 장단점에 관해 적어 보세요.

2. 특정 뉴스 이용자에게 적합한 혹은 읽고 싶어 할 만한 기사를 추천해 주는 시스템이 작동하려면, 뉴스 이용자에 대한 개인 정보 이용이 불가피합니다. 이때 사용되는 이용자 데이터는 어떻게 수집되고 사용되어야만 할까요?

논리적으로 생각하기 2
미디어 리터러시 교육 방법은?

다음은 김효재 한국언론진흥재단 이사장 인터뷰 기사 중 일부를 발췌한 내용입니다. '미디어 리터러시(미디어를 이해하고 해석할 수 있는 능력)'에 대해 생각하며 다음 글을 읽고 자신의 생각을 적어 보세요.

가짜 뉴스 판별 미디어 리터러시 교육 강화

증오와 불신을 부추기는 가짜 뉴스는 한국 언론을 넘어 한국 사회의 큰 숙제가 됐다. 가짜 뉴스와의 전쟁에서는 무엇보다 "언론 내부의 신뢰도 회복이 가장 중요하고, 언론재단은 이를 위한 플랫폼을 마당처럼 열어 논의할 수 있도록 하는 방법이 있을 것"이라고 설명했다.

김 이사장은 "가짜 뉴스를 퇴치할 수 있는 쉬운 방법은 없다. 그 확산 속도가 워낙 빠르고 그로 인한 피해를 입증하기도 쉽지 않아서다. 이 문제에서는 가짜 뉴스를 판단할 수 있는 능력을 키워 주는 게 가장 중요하다. 우리의 답은 '미디어 리터러시' 교육"이라고 말했다.

언론재단은 미디어 리터러시 교육을 위한 '플랫폼'을 자처했다. 작년 900여 개 학교에 미디어 교육 강사 130여 명을 파견했고, 학생 4만9000명이 언론재단의 미디어 교육에 참여했다. 뉴스를 비판적으로 읽고 일기를 쓰는 '뉴스 읽기 뉴스 일기 공모전', 학생들이 팩트 체크 결과를 겨루는 '체커톤 대회'를 열었는데 수준이 높았다.

"미디어 리터러시 교육과 관련해 핀란드의 경우를 참고할 만합니다. 꽤 오래전부터 핀란드는 초·중·고교에서 뉴스의 진위를 판별하는 교육을 하고 있습니다. 미국 캘리포니아주 같은 경우도 법제화해서 가짜 뉴스 판별 같은 교육을 시도하고 있습니다. 우리도 문화체육관광부와 교육부가 학교 현장에서 미디어 리터러시 교육 법제화를 추진하고 있는 것으로 알고 있고, 그 전 단계로 그걸 어떻게 할 것인지에 관해서 연구하고 실행에 옮기는 역할을 언론재단이 하게 될 것입니다."

〈매일경제〉 기사, 2024. 1. 31.

1. 위 기사에 따르면, 한국언론진흥재단은 가짜 뉴스 문제를 해결하기 위해 미디어 리터러시 교육 강화가 중요하다고 강조했습니다. 가짜 뉴스를 해결하기 위해 미디어 리터러시 교육이 필요한 이유는 무엇일까요? 또한 미디어 리터러시가 개선되면 어떤 긍정적인 영향을 줄 수 있을지 예시를 들어 적어 보세요.

2. 한국언론진흥재단은 미디어 리터러시 교육을 강화하기 위한 여러 가지 방법을 제시하고 있습니다. 이 중에서 가장 효과적인 방법은 무엇일까요? 선택한 방법의 장점과 함께 이 방법을 통해 어떻게 미디어 리터러시가 향상될 수 있는지 적어 보세요.

창의력 키우기

'미디어 리터러시' 게임 만들기

만약 여러분이 게임 개발자라고 한다면, 학생들의 미디어 리터러시 향상을 위해 어떤 게임을 개발하고 싶은가요? 아래 제시된 문제에 답하며 여러분만의 '미디어 리터러시 향상을 위한 게임'을 만들어 보세요!

❶ 미디어 리터러시를 향상시키기 위한 게임을 개발하려고 합니다. 먼저, 어떤 형식의 게임을 만들면 좋을지 생각해 보세요. 게임의 목표는 무엇인가요? 예를 들어, 퀴즈, 퍼즐, 시뮬레이션 등의 게임 형식을 활용하여 어떤 미디어 리터러시 측면을 강화시킬 수 있을지 생각해 보세요.

....
....
....
....

❷ 게임 내에서 학생들이 해결해야 하는 미션은 무엇인가요? 예를 들어, 뉴스 판별 OX 퀴즈, SNS에서의 사실 확인 퍼즐 등을 만들어 보면 어떨까요? 이러한 과제를 통해 어떻게 미디어 리터러시를 향상시킬 수 있을지에 대해 생각해 보세요. 게임을 하면서 어떤 기술이나 지식이 향상되어야 할까요?

....
....
....
....

예시 답안

AI로 작성한 기사가 문제가 될까?

1. 네이버 뉴스가 AI가 작성한 기사를 따로 안내하는 이유는, 뉴스 이용자들이 기사가 실제로 인간이 작성한 것인지, 아니면 인공 지능에 의해 생성된 것인지를 알아야 하기 때문이다. AI가 작성한 기사는 사람이 작성한 것과 매우 비슷하게 보일 수 있어서, 이를 구분하기가 어렵다. AI가 무조건 가짜 뉴스를 생성하는 것은 아니지만, 정보의 출처와 신뢰성을 파악하기 힘들다. 또한 AI는 데이터를 기반으로 작동하기 때문에 특정한 편향성이나 의도를 가질 수 있다는 한계를 지니고 있다. 따라서 뉴스 이용자들이 정보를 신뢰하고 올바르게 이해하기 위해서는 기사가 AI에 의해 생성된 것임을 알고 있는 것이 중요하다.

2. 뉴스 이용자들이 AI 기사를 구분할 수 있다면, 이들은 더 비판적이고 신중한 태도로 정보를 받아들일 수 있을 것이다. AI 기사는 데이터를 기반으로 작성된 것이기 때문에 사실이 아닌 가짜 정보를 담고 있을 가능성에 대해 미리 생각할 수 있기 때문이다. 또한, AI 기사가 늘어나면 기사 작성 방식과 기자 업무 분배에 변화가 생길 수 있다. 사람이 직접 취재하고 기사를 작성하는 것보다 AI는 빠른 속도로 업무를 처리할 수 있으므로 특정 사안에 대해 지금보다 더 빠른 보도가 가능할 수도 있으며, 기자들은 AI 도움을 받아 업무량을 줄일 수 있을 것이다. 그러나 AI가 작성한 기사를 사용할 때는 투명성과 공정성을 유지해야 하며, 인공 지능의 편향성과 오류를 줄이기 위한 노력이 필요하다.

3. 네이버 뉴스의 추가 기능은 가짜 정보와 AI 기사가 우리 사회에 미치는 부정적인 영향을 줄이는 데 도움이 될 수 있다. 예를 들어, 선거 관련 허위 정보 대응 기능은 선거 기간 동안 허위 정보를 신고하고 식별하는 데 도움을 줄 수 있다. 이를 통해 뉴스 이용자들은 신뢰할 수 있는 정보를 더 쉽게 찾을 수 있고, 허위 정보로 인한 혼란을 줄일 수 있다. 또한, AI 기사에 대한 안내도 마찬가지로 뉴스 이용자들의 신뢰를 회복할 수 있는 데 도움이 될 것이다. 그러나 이러한 조치들도 완벽한 해결책은 아니다. 예를 들어, 선거 관련 허위 정보 대응 기능은 모든 종류의 허위 정보를 완벽하게 차단할 수는 없다. 따라서 뉴스 이용자들 스스로 정확한 정보를 판별하는 능력을 키우는 것 또한 중요하다. 더불어 AI 기사에 대한 안내 역시 뉴스 이용자들의 신뢰를 회복할 수 있는 데 도움이 되지만, 이러한 안내가 어떤 식으로 작동하고, 어떤 제한 사항이 있는지를 명확히 전달하는 것이 중요하다.

뉴스 추천 알고리즘, 좋은 걸까?

1. 뉴스 알고리즘은 뉴스 이용자가 필요할 만한 뉴스를 빠르고 정확하게 찾을 수 있도록 돕는다는 장점이 있다. 이는 정보 접근성을 높여 준다는 점에서 뉴스 알고리즘이 가진 긍정적인 측면이라고 할 수 있다. 그러나 뉴스 추천 시스템은 '필터 버블'이라는 문제를 가지고 있다. 뉴스 이용자의 이전 관심사나 선호도에 따라서만 뉴스가 제공되다 보면, 다양한 의견이나 시각에 노출되지 않을 수 있다.

예시 답안

또한, 이러한 시스템은 개인 정보 보호 문제에도 노출된다. 뉴스 이용자의 개인 정보가 수집되고 분석되어야만 정확한 맞춤형 뉴스를 제공할 수 있기 때문이다. 이는 이용자의 개인 정보가 뉴스 추천 서비스 이외에 목적으로 사용되거나 개인 정보 노출 위험을 초래할 수 있다는 점에서 문제가 될 수 있다.

2. 특정 뉴스 이용자에게 적합한 혹은 읽고 싶어 할 만한 기사를 추천해 주는 시스템이 작동하려면, 뉴스 이용자에 대한 개인 정보 이용은 신중하게 이루어져야 한다. 먼저, 사용자의 개인 정보 수집은 명확하고 투명해야 한다. 이용자에게 어떤 정보가 수집되는지, 그리고 이 정보가 어떻게 사용되는지에 대한 명확한 설명과 동의가 필요하다. 또한, 수집된 개인 정보는 법적인 규제를 준수하여 안전하게 보호되어야 한다. 이는 개인 정보 유출 및 악용을 방지하려는 조치를 포함해야 한다. 뉴스 추천 시스템에서 사용되는 개인 정보는 최소한의 필요성에 맞게 수집되어야 하며, 사용자의 프라이버시를 적극적으로 보호해야 한다. 더불어 이용자의 개인 정보는 목적에 맞게 사용되어야 하며, 불필요한 곳에는 사용되지 않아야 한다.

미디어 리터러시 교육 방법은?

1. 가짜 뉴스 문제를 해결하기 위해 미디어 리터러시 교육이 필요한 이유는 여러 가지가 있다. 먼저, 미디어 리터러시 교육을 통해 뉴스를 비판적으로 수용하고 판별할 수 있는 능력을 기를 수 있다. 이는 가짜 뉴스에 속지 않고 신뢰할 수 있는 정보를 구별하는 데 도움이 된다. 또한, 미디어 리터러시가 높은 사람들은 정보를 좀 더 균형 있게 받아들이며, 사회적 편견에 노출되는 위험이 줄어든다. 예를 들어, 뉴스를 비판적으로 분석하고 다양한 논조의 뉴스를 참고하는 능력이 높아지면 특정 사회 문제에 대해 편향적인 시각을 갖게 되는 것을 막을 수 있다.

2. 한국언론진흥재단은 학교에서의 미디어 리터러시 교육 강화가 중요하다고 강조했다. 그 이유로 학교에서 미디어 리터러시 교육을 진행하면 모든 학생에게 동일한 기회를 제공할 수 있어, 교육의 체계적이고 지속적인 확보가 가능하다. 또한, 학교에서의 교육은 학생들이 비판적 사고와 문제 해결 능력을 기르는 데에 가장 적합한 환경을 제공한다. 이를 통해 학생들은 뉴스를 평가하고 이해하는 능력을 키울 뿐만 아니라 사회적 문제에 대한 인식도 높일 수 있다. 따라서 학교를 중심으로 한 미디어 리터러시 교육이 가장 효과적이라고 생각할 수 있다.

'미디어 리터러시' 게임 만들기

1. 나는 학생들의 미디어 리터러시를 높이기 위해 시뮬레이션 게임을 개발하고 싶다. 이 게임의 목표는 학생들이 다양한 미디어 상황 올바르게 판단하고 사고하는 능력을 기르는 데 있다. 예를 들어, 학

예시 답안

생들은 SNS를 통해 수많은 정보를 접하는데 이때 가짜 뉴스와 허위 정보를 판별하기가 쉽지 않다. 이 시뮬레이션 게임은 현실적인 상황을 모방하여 학생들이 가짜 뉴스와 허위 정보를 접했을 때 어떻게 대처할 것인지를 연습할 수 있다. 그 과정에서 학생들은 미디어 소비에 대한 훈련을 받으면서 비판적 사고력과 정보 검색 능력을 기를 수 있을 것이다.

2. 내가 생각한 게임은 '미디어 탐험대: 가짜 뉴스 대탐험'이다. 이 게임은 학생들에게 현실적인 미디어 상황을 시뮬레이션하여 가짜 뉴스를 판별하고 정보를 검증하는 능력을 기르는 것을 목표로 한다.
첫 번째 미션은 '가짜 뉴스 탐색 대작전'이다. 학생들은 게임 내에서 다양한 뉴스 기사를 접하게 되는데 그중에서 가짜 뉴스를 찾아내야 한다. 각 뉴스 기사는 실제 뉴스와 가짜 뉴스가 혼재되어 있어 학생들은 신중한 판단과 정보 검증을 통해 가짜 뉴스를 찾아내야 한다.
두 번째 미션은 '팩트 체크 모험'이다. 학생들은 게임 내에서 팩트 체크하는 과정을 체험하게 된다. 다양한 미디어 자료를 분석하고 검증하여 신뢰할 수 있는 정보를 찾아내는 도전적인 과정을 경험하게 된다.
이러한 미션을 통해 학생들은 미디어 소비에 대한 비판적 사고력과 정보 검증 능력을 강화할 뿐만 아니라, 현실적인 미디어 상황에 대처하는 방법을 학습할 수 있을 것이다.

누적 판매
250만부
돌파!

NEW 과학토론왕

본책 40권 + 독후 활동지 10권

뭉치북스가 만든 국내 최초 토론책! 　초등 국어 교과서 선정 도서!
한국디베이트협회와 교육 전문가들이 강력 추천한 책!

과학토론왕6 <지켜라!멸종 위기의 동식물>
초등 5학년 1학기 국어 교과서 수록

한우리 추천도서　경향신문 추천도서　경기도 초등토론 교육연구회 추천　경기도 지부 추천도서　환경청의 어린이 환경책 권장도서
학교도서관 사서협의회 추천도서　한국 아동문학인협회 우수도서